SCHWEIZER SPITZENKÖCHE
FÜR AFRIKA

**Zugunsten der Stiftung „Menschen für Menschen" Schweiz.
Mit dem Reinerlös dieser Aktion wird in Äthiopien eine Schule für über tausend Kinder gebaut.
Sie erhalten damit längerfristig eine bessere Zukunft. Herzlichen Dank für Ihre Mithilfe!**

ANDRÉ JAEGER
VRENI GIGER
ARMIN AMREIN
SANDRO STEINGRUBER
ANDREAS CAMINADA
PHILIPPE CHEVRIER
HANS-PETER HUSSONG
ARNO SGIER
MARCUS G. LINDNER
RICO ZANDONELLA

SCHWEIZER SPITZENKÖCHE FÜR AFRIKA

WALTER KLOSE
MARTIN DALSASS
PETER MOSER
MARTIN SURBECK
JAN LEIMBACH
HEIKO NIEDER
MARKUS NEFF
CLAUDE FRÔTÉ
RETO LAMPART
TANJA GRANDITS

„Als ich die Arbeit in Äthiopien begann, ging ich auf Menschen mit einem Lächeln und offenen Armen zu. Ich stellte fest, dass dies die beste Sprache ist, mit der man sich verständigen kann."

Karlheinz Böhm
Gründer der Stiftung Menschen für Menschen

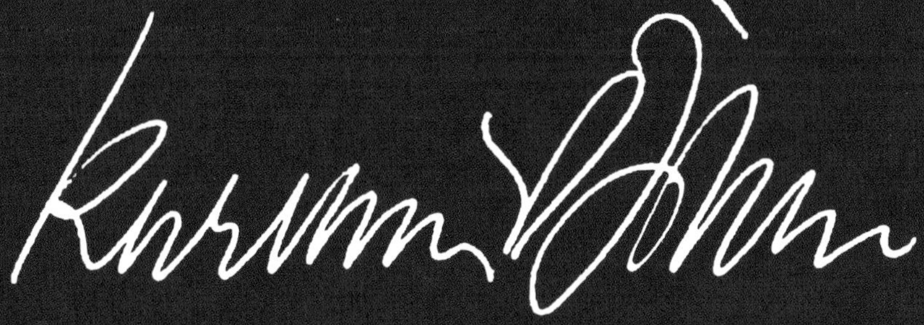

Tagg pdbs

TANJA GRANDITS
KÖCHIN

Mein Leben ist mit viel Glück und Freude erfüllt. Ich habe eine wunderbare Familie und als Köchin meine Berufung gefunden, die mir viel Freude und Erfolg im Beruf und Leben beschert. Mir ist es ein grosses Anliegen, etwas von diesem Glück und meiner Lebensfreude weiterzugeben. An Menschen, die oftmals nicht einmal das Nötigste an Nahrung haben, obwohl wir hier in der Schweiz täglich mit wunderbaren Zutaten kochen dürfen und immer wieder auch im kulinarischen Überfluss leben.

Karlheinz und Almaz Böhm haben mich mit ihrem unermüdlichen Engagement in Afrika schon lange inspiriert, und sie geniessen mein vollstes Vertrauen. Es war mir seit jeher ein grosser Wunsch, das Projekt „Spitzenköche für Afrika" auch in der Schweiz zu lancieren, nachdem die Aktion in Deutschland bereits so viele Menschen erreicht und berührt hat. Es war nicht schwierig, diese Aktion in der Schweiz zu starten: 19 wunderbare Kochfreunde von mir haben sich sofort engagiert und für dieses Buch ihre liebsten Rezepte aufgeschrieben. Es sind alles Gerichte, die eng mit unserer Biografie verknüpft sind und für jeden ein Stück Heimat zu Tisch sind. Mein lieber Freund, der Fotograf Michael Wissing, hat dieses Projekt von der ersten Sekunde an tatkräftig mit viel Herzblut unterstützt. Er hat ausserdem für dieses Buch alle Gerichte mit grösster Sorgfalt und Liebe zum Detail fotografiert und das Buch zu einem kleinen Juwel gemacht. Und meine Freundin Myriam Zumbühl hält als Projektleiterin alle Fäden zusammen und garantiert eine vertrauensvolle Zusammenarbeit mit der Stiftung „Menschen für Menschen" in der Schweiz.

Für mich ist diese Aktion ein schöner Beweis, dass ganz Ausserordentliches entsteht, wenn jeder das gibt, was er am besten kann. Dieses Buch ist aber nur der erste Schritt in eine lange, gemeinsame Zukunft. Als „Schweizer Spitzenköche für Afrika" möchten wir in Zukunft mit vielen Aktionen möglichst viel Geld für die Stiftung „Menschen für Menschen" sammeln. Nur so ist ein nachhaltiges Engagement und damit eine bessere Zukunft für die Kinder in Äthiopien möglich. Und so gelingt es uns allen, dass wir Afrika nicht vergessen!

Dieses Projekt ist für mich eine Herzensangelegenheit – und ich wünsche mir sehr, dass auch Sie daheim aus vollem Herzen unsere Rezepte kochen und glückliche Stunden mit Ihren Liebsten bei Tisch verbringen werden. Mit dem Kauf dieses Buches helfen Sie mit, dass Tausende von Kindern in Äthiopien eine Schulbildung und damit eine hoffnungsvollere Zukunft bekommen.

Dafür möchte ich Ihnen von Herzen danken.

Ihre
Tanja Grandits

Eckart Loitzigmann

ECKART WITZIGMANN
INITIANT „SPITZENKÖCHE FÜR AFRIKA DEUTSCHLAND"
JAHRHUNDERTKOCH

Mit Stolz und Dankbarkeit schaue ich auf die Aktion „Spitzenköche für Afrika" in der Schweiz. Stolz bin ich auf die Köche und Gastronomen, die sich, völlig ungeachtet irgendwelcher Grenzen, der guten Sache angeschlossen haben, um mit uns gegen Armut und Ungerechtigkeit zu kämpfen. Ihnen gilt natürlich auch meine Dankbarkeit.

Aber auch die Dankbarkeit vieler tausend Kinder, die durch diese Initiative eine Zukunft geschenkt bekommen. Bei der Eröffnung der ersten Schule in Äthiopien, die durch die Aktionen der Spitzenköche realisiert wurde, ist mir ein solcher Schwall an Freude und Dankbarkeit entgegengebracht worden, dass es mir ein Bedürfnis ist, einen Teil dieser Emotionen an Sie weiterzugeben. Für mich war es einer der bewegendsten Momente meines Lebens und er hat die Aktion, neben meinen geliebten Kindern und meiner Partnerin, zum wichtigsten Bestandteil meines Lebens gemacht. Ich musste erst einmal fast siebzig Jahre alt werden, um so etwas erleben zu dürfen. Ihnen wünsche ich, dass Sie nicht so lange auf solch ein Erlebnis warten müssen. Durch die Teilnahme an dieser Veranstaltung sind Sie auf dem besten Wege dahin.

Mit den besten und herzlichsten Grüßen
Eckart Witzigmann

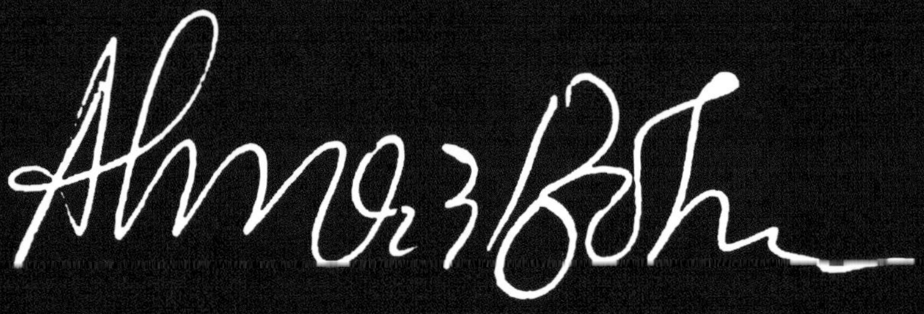

ALMAZ BÖHM
PRÄSIDENTIN DES STIFTUNGSRATES „MENSCHEN FÜR MENSCHEN" SCHWEIZ

Liebe Leserinnen, liebe Leser,

seit 30 Jahren sind wir mit unserer Organisation „Menschen für Menschen" in Äthiopien aktiv. Bis heute haben wir im Rahmen unserer integrierten ländlichen Entwicklungsprojekte mit umfangreichen Massnahmen in den Bereichen Landwirtschaft und Ressourcenschutz, Gesundheit und Medizin, Bildung und Ausbildung sowie Wasserversorgung und Frauenförderung schon rund 4,5 Millionen Männern, Frauen und Kindern eine Perspektive für die Zukunft und die Chance auf eine eigenständige Weiterentwicklung bieten können.

Damit wir noch vielen anderen Menschen in den entlegenen Regionen meiner äthiopischen Heimat den Weg aus bitterer Armut ebnen können, brauchen wir auch weiterhin zuverlässige Wegbegleiter, die uns in Europa mit finanziellen Zuwendungen, kreativen Ideen und praktischen Aktivitäten tatkräftig unterstützen.

Die Aktion „Schweizer Spitzenköche für Afrika", mit deren Ergebnis der Bau einer dringend benötigten Schule finanziert werden soll, ist ein gutes Beispiel dafür, dass jeder – unabhängig von Alter und Beruf – im Rahmen seiner Möglichkeiten mithelfen kann. Ausserdem demonstriert sie auf eindrucksvolle Weise, wie viel ein einzelner Mensch bewegen kann, wenn er erst einmal die Initiative ergreift. Fest überzeugt von ihrem Vorhaben, hat es die Spitzenköchin Tanja Grandits geschafft, gleich weitere 19 Kolleginnen und Kollegen für eine Beteiligung an dieser Aktion zu begeistern.

Zu den zahlreichen Aktivitäten, die sie gemeinsam umsetzen wollen, gehört auch das vorliegende Kochbuch, mit dem Sie – liebe Leserin, lieber Leser – nicht nur kulinarische Genüsse auf den Tisch zaubern, sondern gleichzeitig weit über den eigenen Tellerrand hinaus blicken können.

Wir danken allen beteiligten Spitzenköchen sowie dem AT Verlag von ganzem Herzen für ihr vorbildliches Engagement, zu dessen Erfolg auch Sie mit dem Erwerb dieses Kochbuches einen nicht unwesentlichen Beitrag leisten!

Ihre
Almaz Böhm

Tief beeindruckt ob seines grossen Engagements für die Ärmsten in Äthiopien entschloss sich die Spitzenköchin Tanja Grandits, das Projekt „Spitzenköche für Afrika" in der Schweiz zu lancieren, um möglichst viel Geld für die Stiftung von Karlheinz Böhm in Afrika zu sammeln. Sie, die in ihrem Restaurant Stucki in Basel täglich Menschen mit ihren Gerichten glücklich macht, will einen Teil dieses Glücks jetzt jenen weitergeben, die es nicht haben.

Den Fotografen Michael Wissing konnte sie sofort für dieses Projekt begeistern. Er hat alle Rezepte für das Kochbuch mit grosser Sorgfalt liebevoll fotografiert und dafür gesorgt, dass dieses Buch bei Ihnen zu Hause zum totalen Wohlfühl-Kochbuch wird, aus dem Sie immer wieder gerne für Ihre Liebsten kochen.

Die besten Spitzenköche der Schweiz haben ihre Mithilfe beim Projekt sofort zugesagt und für das Buch ihre liebsten einfachen Rezepte zur Verfügung gestellt. Mit dabei sind:

ANDRÉ JAEGER 14
Klassischer Malakov
Pochierter Steinbutt mit Nussbutter
Ganze Ente geschmort mit Sternanis und Ingwer

VRENI GIGER 22
Bodensee-Fischsuppe
Indisches Curry mit Couscous
Geschichtete Rhabarbercreme

ARMIN AMREIN 30
Flüehmatter Älplermagronen
Armin Amreins Birchermüesli
Ramonas Lieblingscake

SANDRO STEINGRUBER 38
Capuns
Lauch-Quiche mit Riesencrevette
Torta di Pane

ANDREAS CAMINADA 46
Artischockenrisotto
Linsencurry
Mandeljaponais mit Himbeeren und Joghurt

PHILIPPE CHEVRIER 54
Carpaccio und Tatar mit Parmesan
Gegrillter Thunfisch mit Estragontempura
Weiches Schokoladenbiscuittörtchen mit Vanilleeis

HANS-PETER HUSSONG 62
Ziegenkäse an Tomatenpassata und Olivenöl
Kaninchenroulade im Rauchspeckmantel
Glasierte Kalbshaxe mit Kartoffelpüree

ARNO SGIER 70
Toskanischer Brotsalat
Dorade auf Ratatouille-Gemüse
Crème brulée mit Kumquats

MARCUS G. LINDNER 78
Gebratenes Welsfilet mit Rhabarber-Chutney
und Kartoffelgratin
Szegediner Gulasch
Marronigugelhupf

RICO ZANDONELLA 86
Eglifilets mit jungem Gemüse
Emmentaler Kalbfleischpojarski mit weissem Spargel
und Bärlauchbutter-Kartoffeln
Apfeltraum

WALTER KLOSE 94
Bodenseezander auf Rahmkohlrabi
Gupf-Spanferkel mit Selleriepüree und Bohnen
Gratinierte Früchte

MARTIN DALSASS 102
Spargelsalat mit pochiertem Ei und Olivenöl-Hollandaise
Grüne-Oliven-Gnocchi mit Riesencrevetten
Orangen-Scheiterhaufen

PETER MOSER 110
Süsse Kartoffeltorte
Karamellisierte Schoggicreme mit Birnenkompott
Meerrettichsuppe mit Schnittlauch und gefüllter Kartoffel

MARTIN SURBECK 118
Geschüttelte Tomatenconsommé mit Rucola
und Parmesanschaum
Gebratene Perlhuhnbrust mit Popcornpolenta und
„Chatzenseicherli"-Sauce
Eierkartoffeln

JAN LEIMBACH 126
Chickencurry Modern Kerala mit
Mango-Goji-Reis und Cashewnut-Crumbles
Maiscreme-Cappuccino mit Popcorn,
Kokosnuss und Kreuzkümmel
Getoastete Rosinen-Brioche mit Zitronen-Ananas-
Ingwer-Konfitüre

HEIKO NIEDER 134
Meine liebsten Brotchips
Prickelnde Macadamianuss-Pralinés
Unsere Linzertorte

MARKUS NEFF 142
Sauerkrautsuppe mit gebratenem Speck
Mein Kaiserschmarrn
Kartoffelgulasch

CLAUDE FRÔTÉ 150
Tatar aus Neuchâteler Felchen
Kürbis-Parmesanravioli mit Amarettihauch
Zanderfilet auf Rucolabett

RETO LAMPART 158
Tomaten-Blätterteigtartelettes mit Ziegenfrischkäse
Hacktätschli
Marinierte Erdbeeren auf Einback

TANJA GRANDITS 166
Kartoffel-Vanillesuppe
Zander in der Grünteesalzkruste
Koriander-Schokoladenküchlein

REZEPTREGISTER 174

ANDRÉ JAEGER
RESTAURANT FISCHERZUNFT SCHAFFHAUSEN
RHEINQUAI 8
8200 SCHAFFHAUSEN
WWW.FISCHERZUNFT.CH

WARUM IST FÜR SIE KOCHEN DAS SCHÖNSTE AUF DER WELT?
Kochen ist eine Herausforderung, welche mit einem grossen Aufwand verbunden ist, wenn man es wirklich gut machen will und alles frisch kocht. Aber man wird dabei immer belohnt: Wenn man zum Schluss die zufriedenen Gesichter der Gäste und Mitarbeiter sieht, dann wird man für alles belohnt. Das macht mich immer sehr glücklich.

MIT WELCHEM GERICHT KANN MAN SIE SO RICHTIG GLÜCKLICH MACHEN?
Ich habe grosse Freude an allen Gerichten, die mit einfachsten aber besten Produkten zubereitet werden. Das kann ein frisches Butterbrot oder ein feiner Blumenkohl mit Brotbröseln sein. Mir geht das Herz auch beim ersten frischen Spargel auf. Da „plange" ich jedes Jahr aufgeregt danach, dass ich die ersten, zarten Spargeln kosten kann.

WONACH HAT ES IN DER KÜCHE IHRER MUTTER GEDUFTET?
Ich bin in sehr bescheidenen Verhältnissen aufgewachsen, wo es uns aber doch an nichts gefehlt hat. Weihnachten war aber in der Küche immer etwas ganz Besonderes. Da gab es immer wieder eine „Forelle blau" mit brauner Butter. Ich koche das Gericht heute immer noch – wenn auch in einer Abwandlung mit Steinbutt. Aber immer stehe ich dabei mit wunderbar nostalgischen Gefühlen am Herd.

SIE VERBINDEN ESSEN, TRINKEN UND KOCHEN IMMER AUCH MIT IHRER EIGENEN BIOGRAFIE. WELCHES GERICHT HAT SIE GEPRÄGT?
Es gibt viele, aber aus meinen Wanderjahren in Asien stammt das erstaunlichste Entenrezept, das ich Ihnen auf den folgenden Seiten verrate. Es ist verbunden mit vielen, glücklichen kulinarischen Erinnerungen. Heute, da man Ente meistens nur noch in Teilen zu essen bekommt, ist es eine tolle Abwechslung, diese auch zu Hause wieder einmal ganz zu kochen. Es ist einfach köstlich, wenn das Entenfleisch so zart weich gekocht ist, dass man es mit dem Löffel essen kann.

WAS IST DIE WICHTIGSTE ZUTAT IN IHRER KÜCHE?
Es sind zwei, nämlich Olivenöl und Butter. Ohne Butter würde meine „Forelle blau" nur halb so gut schmecken. Beide Produkte sind gesunde und wunderbare Aromentransporteure. Eine Spur Butter macht alles gleich viel feiner! Denken Sie an die Butter auf dem frischen Zopf! Oder das Flöckchen Butter auf dem 4-Minuten-Ei – das ist doch die reinste Offenbarung!

Jaeger.

KLASSISCHER MALAKOV
FÜR 4 PERSONEN

Das Öl in einer Gusseisenpfanne auf 170 °C erwärmen.

Den Gruyère fein reiben und mit Milch, Eier, Kirschwasser, Mehl, Backpulver, Knoblauch und weissem Pfeffer vermischen. Die Käsemasse mit Hilfe eines Löffels auf die Brotscheiben streichen, dabei soll eine Halbkugel mit glatter Oberfläche entstehen.

Die Käseschnitte schwimmend im Öl frittieren, bis die Oberfläche eine goldbraune Farbe angenommen hat.

Zusammen mit einem Feldsalat mit einer einfachen Sauce aus wenig Essig, Olivenöl und Salz servieren.

TIPP
Achten Sie darauf, dass Sie für dieses Rezept den besten Gruyère verwenden, den Sie bekommen können.

300 g Gruyère
50 ml Milch
1½ Eier
1 EL Kirschwasser
35 g Mehl
½ TL Backpulver
1 Msp. Knoblauch, fein gehackt
weisser Pfeffer aus der Mühle
4 runde Scheiben Weissbrot
Öl zum Frittieren

FÜR DEN SALAT
Feldsalat
Essig, Olivenöl und Salz

POCHIERTER STEINBUTT MIT NUSSBUTTER
FÜR 4 PERSONEN

Den Sellerie, Lauch, Karotten und Fenchel in feine Streifen (Julienne) schneiden. Schalotten und Knoblauch in feine Streifen schneiden, Ingwer schälen und in feine Streifen schneiden. Das Zitronengras hacken.

Alle Zutaten für den Sud in eine Poissonniere oder einen grossen Schmortopf geben und aufkochen. Den Fisch einlegen und die Hitze so reduzieren, dass der Sud unter dem Siedepunkt bleibt. Wichtig ist dabei, dass der Sud nicht zu kurz gehalten wird. Je nach Fisch und Grösse der Stücke 10 bis 15 Minuten garen.

Für die Sauce die Butter in einer Teflonpfanne unter stetigem Rühren zum Schäumen bringen und eine Prise Fünf-Gewürze-Pulver dazugeben.

Zum Servieren den Fisch aus dem Sud nehmen und auf vorgewärmten Tellern anrichten. Das Sudgemüse auf dem Fisch verteilen, mit Nussbutter überziehen und mit grob gehacktem Koriander und Petersilie ausgarnieren.

TIPP
Statt Steinbutt kann zum Beispiel auch Heilbutt oder Zander für dieses Rezept verwendet werden.

4 Tranchen Steinbutt (mit Haut und Gräten)

FÜR DEN SUD
2 l Hühnerbrühe
1 l Weisswein
100 g Sellerie
100 g Lauch
100 g Karotten
½ Fenchel
2 Schalotten
1 Knoblauchzehe
100 g frischer Ingwer
10 g Zitronengras
1 TL Pfefferkörner
2 EL Meersalz
½ Zitrone, Saft

FÜR DIE SAUCE
200 g Butter
1 Prise Fünf-Gewürze-Pulver
(aus dem Asienladen)

FÜR DIE GARNITUR
1 Bund Koriander, grob gehackt
1 Bund Petersilie, grob gehackt

GANZE ENTE GESCHMORT MIT STERNANIS UND INGWER
FÜR 4 PERSONEN

Die Ente gründlich mit Sojasauce einreiben und mit den restlichen Zutaten (inkl. der übrig gebliebenen Sojasauce) in den Topf geben. Dann den Deckel gut verschliessen!

Zum Garen der Ente gibt es zwei Möglichkeiten: Entweder man stellt den Topf in einem Wasserbad bei 85 °C in den Ofen. Oder aber man verwendet einen grossen Bräter, in welchem man wiederum den Topf mit der Ente in ein Wasserbad stellt und die Ente bei geschlossenem Deckel auf dem Herd bei 95 °C gart. Bei beiden Methoden dauert die Garzeit 8 bis 9 Stunden.

Während des Garens immer wieder einen kurzen Blick in den Topf werfen und die Ente mit Saft begiessen. Solange garen, bis die Ente wunderbar weich geschmort ist.

Nach Belieben den Sud mit etwas Tapiokapulver eindicken und zur Ente servieren.

TIPP
Passt ausgezeichnet zu weissem Reis.

Für einen Römertopf oder einen grossen Schmortopf mit Dampfdeckel

1 ganze Ente (Challans oder Mieral), ausgenommen und ohne Federkiele
100 ml Sojasauce
1 Stange Lauch, in fingerdicke Scheiben geschnitten
1 grosse Ingwerknolle, geschält und in Scheiben geschnitten
1 TL Kandiszucker
1 ganzer Sternanis
100 ml Hühnerbrühe

evtl. etwas Tapiokapulver zum Eindicken

VRENI GIGER
VRENI GIGER'S JÄGERHOF
BRÜHLBLEICHSTRASSE 11
9000 ST. GALLEN
WWW.JAEGERHOF.CH

WARUM IST ES WICHTIG, DASS MAN VON HERZEN GERNE ISST?
Essen hat für mich einen ganz wichtigen gesellschaftlichen Aspekt: Wer sich hinsetzen und auch einfachste Zutaten wie ein Stück Käse geniessen kann, den zeichnet das auch als Menschen aus. Es macht ihn liebenswert, wenn er gute, aber auch einfachste Produkte und Gerichte richtig geniessen kann. Das zeichnet für mich einen Charakter aus.

MIT WELCHEN ZUTATEN WURDE ZU HAUSE GEKOCHT?
Ich bin auf einem Bauernhof im Appenzellerland aufgewachsen. Wir haben uns eigentlich selbst versorgt: Wir hatten das Fleisch, das Gemüse und die frischen Früchte vom eigenen Hof. Unsere Mutter hat täglich gekocht. Und zwar mit allem: Sie hat vom Tier das Filet, aber auch die Innereien verwendet. Die Krönung war jeweils eine Bachforelle, die der Vater ab und zu gefangen hat.

SIE KOCHEN FAST AUSSCHLIESSLICH MIT LEBENSMITTELN AUS DER REGION. WARUM LIEGT IHNEN DAS SO AM HERZEN?
Es ist meine Region, meine Herkunft, meine Wurzeln. Ausserdem möchte ich gerne den Bauernstand in der Region damit stärken, indem ich meine Produkte bei ihnen beziehe. Und: regionale Produkte schmecken einfach besser. Sie werden nicht lange transportiert, sondern die süssen Beeren kommen direkt ab dem Strauch in meine Küche.

WARUM IST ES WICHTIG, DASS MAN SAISONAL KOCHT?
Weil man so die besten Produkte zum perfekten Zeitpunkt bekommt, nämlich dann, wenn sie schön reif sind.

ALSO FREUEN SIE SICH JEDES JAHR AUF DIE ERSTEN FRÜCHTE UND GEMÜSE?
Ich freue mich jedes Jahr aufs erste Grün, auf den ersten Bärlauch, die ersten Spargeln, Erbsen oder die jungen „Chohlräbli". Wir haben in der Ostschweiz praktisch sechs Monate Winter, da bin ich im Frühling richtig ausgehungert und freue mich unwahrscheinlich auf das erste Gemüse und die ersten Früchte. Aber das ist auch eine Qualität, da freut man sich gleich doppelt!

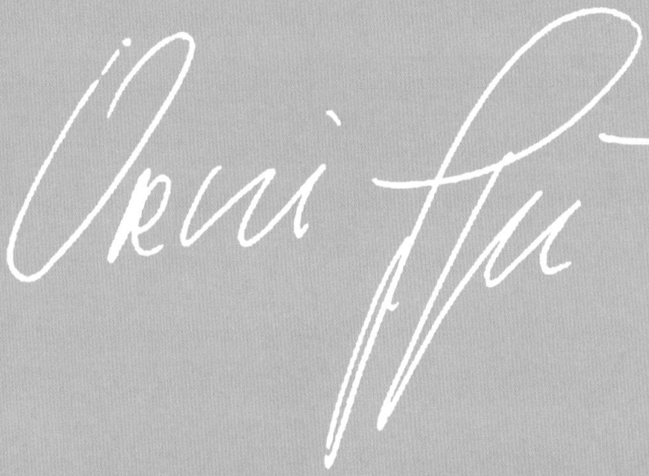

BODENSEE-FISCHSUPPE
FÜR 6 PERSONEN

Das Gemüse in feine Blättchen (Paysanne) schneiden, mit Zwiebel und Knoblauch in Butter glasig andünsten. Ein paar Safranfäden zugeben, mit Pernod und Weisswein ablöschen und einreduzieren lassen.

Suppe mit dem Fischfond auffüllen, nochmals aufkochen und abschmecken. Die Fische in mundgerechte Stücke schneiden und erst kurz vor dem Servieren in die heisse Suppe geben und lediglich darin ziehen lassen (auf keinen Fall kochen!).

Zum Servieren den Fisch in Suppenteller anrichten, die heisse Suppe darübergiessen und servieren.

200 g Gemüse
(Zwiebel, Karotte, Sellerie, Lauch)
1 EL Butter
etwas Safran
1 Zwiebel, fein geschnitten
3 Knoblauchzehen, fein geschnitten
100 ml Weisswein
etwas Pernod (Anisschnaps)
800 ml Fischfond
Salz, Pfeffer, Zucker, zum Abschmecken
300 g verschiedene Fische
(z. B. Zander, Felchen, Saibling, Seeforelle)

INDISCHES CURRY MIT COUSCOUS
FÜR 4 PERSONEN

Für das Curry die Milch in einer Pfanne aufkochen. Zitronensaft und Joghurt verrühren und zu der heissen Milch geben. So lange darin rühren, bis die Flüssigkeit stockt beziehungsweise sich trennt.

Ein Abgusssieb über eine Pfanne stellen und mit einer Gaze oder einem Baumwolltuch auskleiden. Flüssigkeit abgiessen, 250 g vom Milchsaft abwägen und beiseitestellen. Die Joghurtmasse in eine kleine rechteckige Form drücken und kühl stellen.

Ingwer, Knoblauch und Zwiebeln andünsten und mit 5 EL Milchsaft ablöschen. Kurkuma, Cayenne, Garam masala und Korianderblätter zugeben und mit dem restlichen Saft auffüllen.
Tomatenwürfel und Erbsen zugeben, etwa 10 Minuten köcheln lassen und dann mit Salz, Pfeffer und Zucker abschmecken.

Unterdessen den Couscous zubereiten: Dazu den Couscous in eine Schüssel geben und mit gerade so viel heisser Gemüsebouillon übergiessen, dass das Couscous knapp mit Flüssigkeit bedeckt ist. Mit Klarsichtfolie abdecken und zirka 10 bis 15 Minuten quellen lassen. Vor dem Servieren Couscous mit einer Gabel etwas auflockern, in einer Pfanne mit etwas Butter erwärmen und nach Belieben mit Salz und Pfeffer abschmecken.

Die kalte Joghurtmasse in Würfel schneiden und in Butter anbraten, zur warmen Currysauce geben. Petersilie hacken, ebenfalls dazugeben und kurz aufkochen. Dann mit dem Couscous servieren.

2 l Milch
2 EL Zitronensaft
125 g Nature-Joghurt
5 EL Butter
2 EL Ingwer, geschält und geschnitten
1 EL Knoblauch, geschält und geschnitten
150 g Zwiebeln, geschält und geschnitten
250 g Milchsaft
1 TL Kurkuma
1 TL Cayennepfeffer
1 TL Korianderblätter
1 EL Garam masala
600 g Tomatenwürfel
300 g Erbsen
3 EL Petersilie
Salz, Pfeffer, Zucker, zum Abschmecken

FÜR DEN COUSCOUS
240 g Couscous
Gemüsebouillon
Salz, Pfeffer
etwas Butter

GESCHICHTETE RHABARBERCREME
FÜR 6 PERSONEN

Für die Creme Milch mit der Vanilleschote und Zucker aufkochen. Den Griess regenartig einstreuen, alles gut verrühren und kurz aufkochen lassen. Pfanne vom Herd nehmen, das Eigelb zügig unterziehen und Creme erkalten lassen.

Für das Kompott Rhabarber schälen, Schale in eine Pfanne geben und mit Himbeeren, Rotwein, Orangensaft, Apfelsaft, Zucker, Zimt und Vanille aufkochen. Alles etwa 30 Minuten ziehen lassen.

Den geschälten Rhabarber in kleine Würfel schneiden und in eine ofenfeste Form geben. Den Rhabarberschalen-Sud abgiessen, zu den Würfeln in der Form giessen und im Ofen bei 160 °C weich garen (darauf achten, dass sie dabei nicht verkochen).

Vor dem Anrichten den geschlagenen Rahm unter die Griesscreme heben. Die Creme in Gläser füllen und 2 bis 3 EL Rhabarberkompott daraufgeben, wieder mit Griesscreme bedecken und mit einer Lage Kompott abschliessen.

Nach Belieben mit etwas frischer Pfefferminze und Puderzucker ausgarnieren.

FÜR DIE GRIESSCREME
250 ml Milch
1 Vanilleschote, halbiert
75 g Zucker
35 g Griess
1 Eigelb
200 ml Rahm, steif geschlagen

FÜR DAS RHABARBERKOMPOTT
400 g Rhabarber
500 g Himbeeren
50 ml Rotwein
200 ml Orangensaft
200 ml Apfelsaft
200 g Zucker
etwas Zimt
1 Vanilleschote
frische Pfefferminzblättchen, nach Belieben
etwas Puderzucker, nach Belieben

ARMIN AMREIN
RELAIS & CHÂTEAUX HOTEL WALSERHOF
HOTEL WALSERHOF
LANDSTRASSE 141
7250 KLOSTERS
WWW.WALSERHOF.CH

WAS SIND IHRE FRÜHESTEN KULINARISCHEN ERINNERUNGEN?
Da denke ich sofort an das Voressen und den köstlichen Kartoffelstock meiner Mutter. Das war für uns jeweils ein richtiger Festschmaus! Meine Mutter hat noch einen richtigen Kartoffelstock gemacht: die Kartoffeln durchs Passevite gedrückt, mit Milch und Butter vermischt und zum Schluss mit viel Muskatnuss abgeschmeckt. Ich schmecke ihren Kartoffelstock noch heute auf der Zunge, so fein war er.

IN WELCHEN MOMENTEN SIND SIE AM GLÜCKLICHSTEN IN IHREM ALLTAG ALS KOCH?
Es gab bis heute keinen Tag, wo ich keine Lust hatte zu arbeiten. Mein Beruf macht mich einfach glücklich. Ich arbeite so gerne mit den wunderbaren Lebensmitteln und präsentiere damit dem Gast gerne etwas Schönes. Ich bin überzeugt: Wenn ich glücklich in der Küche stehe, merkt das der Gast. Er merkt sofort, ob Liebe dahinter steckt oder nicht.

KOCHEN ALSO ALS EINE ART LEBENSQUALITÄT?
Genau – wer etwas Schönes präsentiert, macht automatisch viel Freude. Sich für etwas Mühe geben, kostet ja auch nichts, aber es hat einen so grossen Effekt. Wenn der Gast nach meinem Essen glücklich ist, ist das jeden Tag Balsam für die Seele.

WAS KOCHEN SIE AN FREIEN TAGEN FÜR SICH UND DIE FAMILIE?
Wenn wir unseren freien Tag geniessen, besuchen wir öfters Berufskollegen. Es ist mir sehr wichtig zu sehen, wie meine Kollegen kochen und was sie anbieten. So sammle ich neue Ideen und werde auch einmal verwöhnt. Es muss aber nicht immer eine hoch stehende Gourmet-Küche sein, denn ich mag es auch sehr gerne einfach und traditionell. Eines meiner Lieblingsessen ist eine Portion Älplermagronen auf der Flüehmatt oder ein frisch gemachtes Birchermüesli.

WELCHE ERINNERUNGEN VERBINDEN SIE MIT RAMONAS LIEBLINGSCAKE?
Meine Tochter Ramona musste an bestimmten Tagen immer einen Cake in die Schule mitnehmen, also habe ich ihr einen Cake kreiert. Sie hat ihn sogar auch im Gymnasium regelmässig mitgenommen. Kürzlich hat man mir von ihrem Gymnasium berichtet, man vermisse den Cake und würde ihn gerne wieder einmal essen … Es ist meine kulinarische Hommage an meine Tochter: Ramonas liebster Cake!

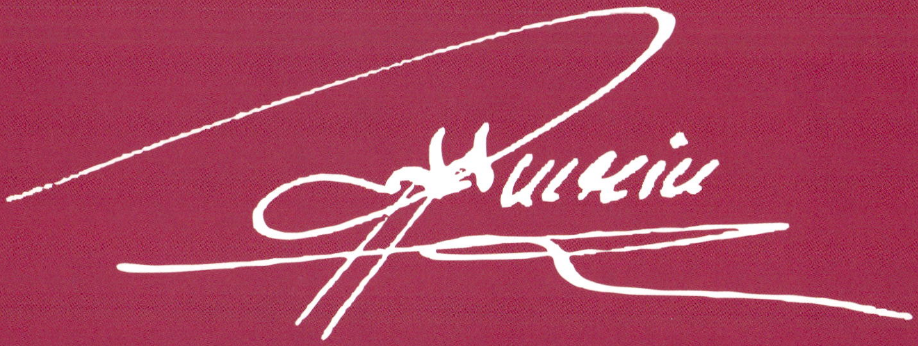

FLÜEHMATTER ÄLPLERMAGRONEN
FÜR 4 PERSONEN

Für die Magronen erst Kartoffelwürfel in kaltem Salzwasser ansetzen und zirka 9 Minuten kochen. Die Magronen beigeben und weitere 9 Minuten kochen.

Für die Zwiebelschwitze die Zwiebelstreifen in einer Bratpfanne goldgelb rösten. Zum Schluss etwas Butter dazugeben, mit Salz und Pfeffer wenig würzen.

Den Käse an der Raffel reiben.

Magronen und Kartoffelwürfel mit einer Schaumkelle aus dem Wasser heben und abwechselnd mit dem Käse lagenweise in eine feuerfeste Form füllen, zum Schluss die Zwiebelschwitze darübergeben.

TIPP
Etwas frisches Apfelmus oder Apfelschnitzli schmecken köstlich dazu!

300 g rohe Kartoffeln,
in 1 cm grosse Würfel geschnitten
160 g Original Kernser-Magronen
(oder andere Magronen-Pasta)
70 g Spalenkäse, 1½ jährig (oder Sbrinz)
70 g milder, weicher Bergkäse
1 mittlere Zwiebel, in feine Streifen geschnitten
etwas Butter
Salz und Pfeffer

ARMIN AMREINS BIRCHERMÜESLI
FÜR 4 PERSONEN

Für das Birchermüesli Milch, Rahm, Nature-Joghurt, Haferflocken und die Sultaninen mischen und etwa 30 Minuten quellen lassen. Dann die geriebenen und die grob gehackten Mandeln und den Zucker dazugeben. Mit etwas frisch gepresstem Zitronensaft abschmecken.

Den Apfel schälen und mit der Röstiraffel reiben. Banane in Scheiben schneiden, die Birne halbieren, dann dritteln und in feine Scheiben schneiden. Alles miteinander vermischen und zum Schluss weisse und blaue Trauben halbieren, entkernen und dazugeben. Nach Belieben mit saisonalen Beeren ausgarnieren.

TIPP
Das feine Birchermüesli können Sie zum Frühstück, als Zwischenmahlzeit oder als vollwertiges Nachtessen mit frisch gebackenem Vollkornbrot servieren.

200 ml Milch
70 g Rahm
100 g Nature-Joghurt
70 g Haferflocken
20 g Sultaninen
60 g Mandeln, gerieben
20 g Mandeln, grob gehackt
40 g Zucker
etwas Zitronensaft
1 Apfel
1 Banane
½ Birne
weisse und blaue Trauben
saisonale Beeren, nach Belieben

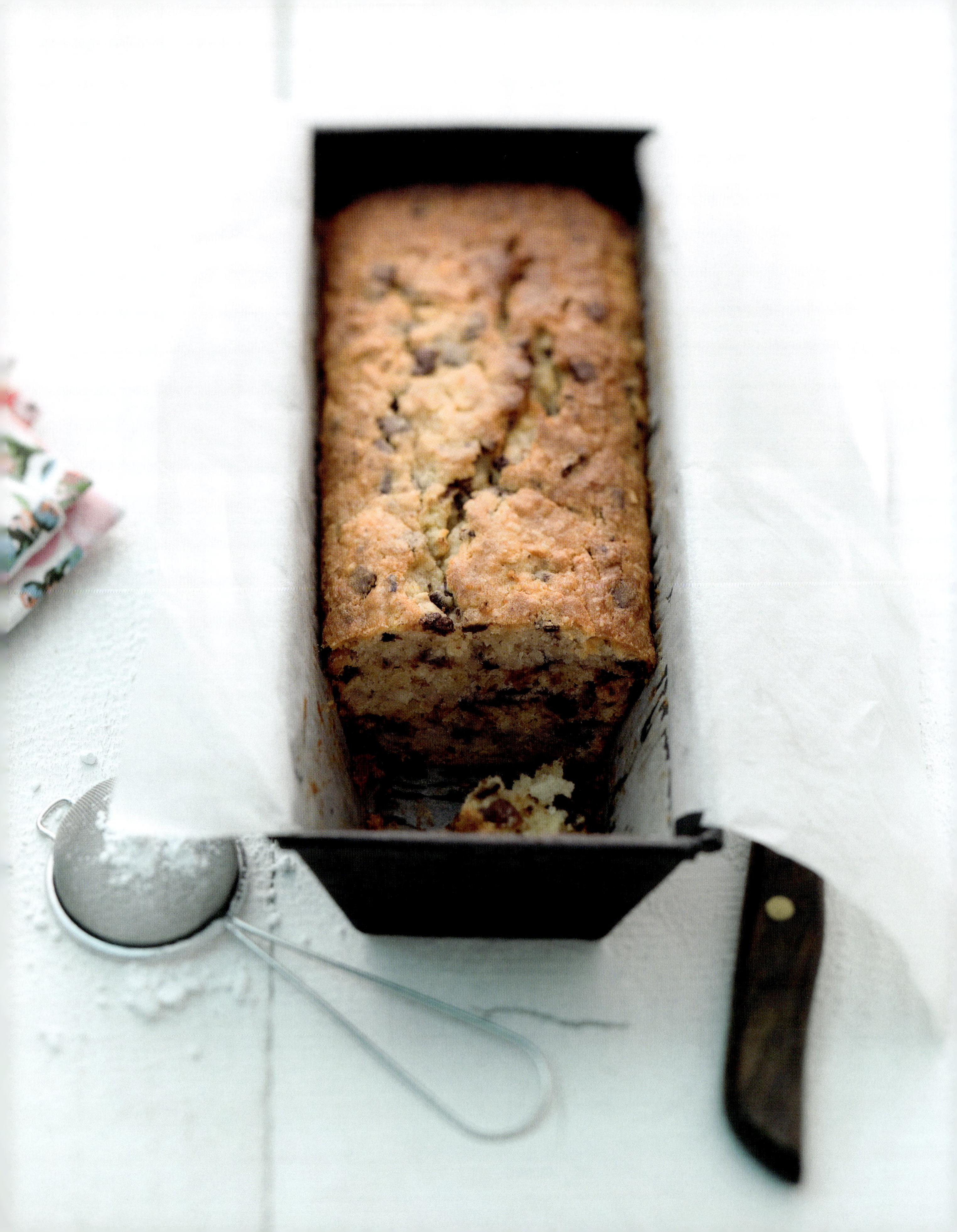

RAMONAS LIEBLINGSCAKE

Eine Cakeform von 30 cm ausbuttern und bemehlen oder mit Backtrennpapier auskleiden.

Den Ofen auf 180 °C vorheizen.

Für den Cake erst Butter, Zucker und Eigelbe in einer Schüssel schaumig schlagen. Haselnüsse, Schokoladenwürfel, Sultaninen, Backpulver, Salz, Vanillezucker und Mehl vermischen und unter die aufgeschlagene Buttermasse heben. Die geriebenen Äpfel beigeben. Zucker und Eiweiss steif schlagen und vorsichtig unter die Masse heben.

Masse in die vorbereitete Form füllen und für zirka 50 Minuten in der Mitte des vorgeheizten Ofens backen.

200 g Butter
200 g Zucker
5 Eigelb
100 g Haselnüsse, gemahlen
100 g Schokoladenwürfel
50 g Sultaninen, nach Belieben in etwas Rum mariniert
1 TL Backpulver
1 Prise Salz
etwas Vanillezucker
250 g Mehl
¼ Äpfel, geschält und an der Röstiraffel gerieben
50 g Zucker
5 Eiweiss

SANDRO STEINGRUBER
RESTAURANT EPOCA
WALDHAUS FLIMS MOUNTAIN RESORT & SPA
VIA DIL PARC 3
7018 FLIMS
WWW.WALDHAUS-FLIMS.CH

SIE VERRATEN IHR REZEPT FÜR CAPUNS. EIN GERICHT, DAS IHR LEBEN BEGLEITETE?
Mit Capuns verbinde ich wunderbare Erinnerungen an unsere Skiferien in Laax oder Arosa. Ich bin im Tessin aufgewachsen, und da war es immer ein Ereignis, wenn es in den Skiferien Capuns gab. Ich habe das so gerne gegessen, dass ich schnell eine eigene Rezeptur kreiert habe. Ich esse Capuns fürs Leben gerne!

WAS WAR DAS ERSTE GERICHT, DAS SIE KOCHEN KONNTEN?
Ich habe als Bub lieber gebacken als gekocht. Da habe ich gerne Rüeblikuchen gebacken. Mich hat alles fasziniert, was gebacken wurde, weil es so schnell und unkompliziert ging. Ich bin dann aber doch Koch geworden – und backe heute immer noch gerne.

WAS ESSEN SIE AM LIEBSTEN NACH EINEM LANGEN, STRENGEN TAG IN DER KÜCHE?
Da will ich am liebsten etwas ganz Einfaches essen: z.B. etwas Aufschnitt (Charcuterie) und ein Stück frisches Brot. Das macht mich in solchen Momenten am glücklichsten.

WELCHES IST DIE UNIVERSELLSTE ZUTAT IN IHRER KÜCHE?
Das ist für mich das Fleur de Sel. Ich mag, wie es im Mund knuspert, wenn man ein Carpaccio oder ein zartes Stück Fleisch damit veredelt. Es regt die Sinne an, und es ist die letzte sowie beste Würze, die es für mich gibt.

FÜR DIE TORTA DI PANE BRAUCHT MAN ETWAS GEDULD, NÄMLICH ZWEI TAGE, AN DENEN DIE TORTE RUHEN SOLLTE, BEVOR MAN SIE ANSCHNEIDET. MUSS MAN MANCHMAL AUF DAS BESTE AM LÄNGSTEN WARTEN?
Ja – das ist doch etwas Schönes, wenn man sich zwei Tage auf eine so himmlische Torte freuen kann. Die Torte ist herrlich. Mir gefällt daran auch, dass man mit altem Brot etwas Neues, so Köstliches machen und sich dann bis zum Anschneiden nochmals zwei Tage darauf freuen kann.

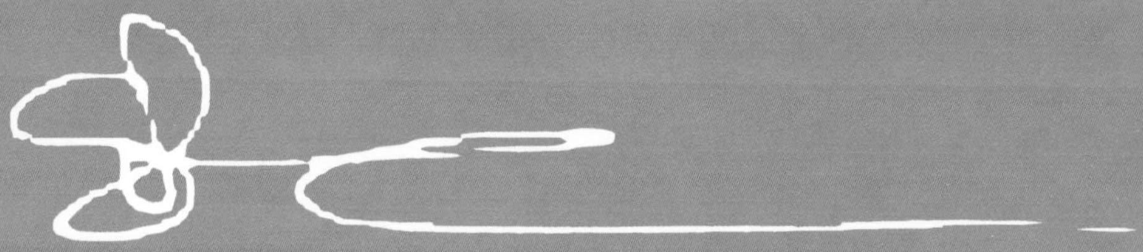

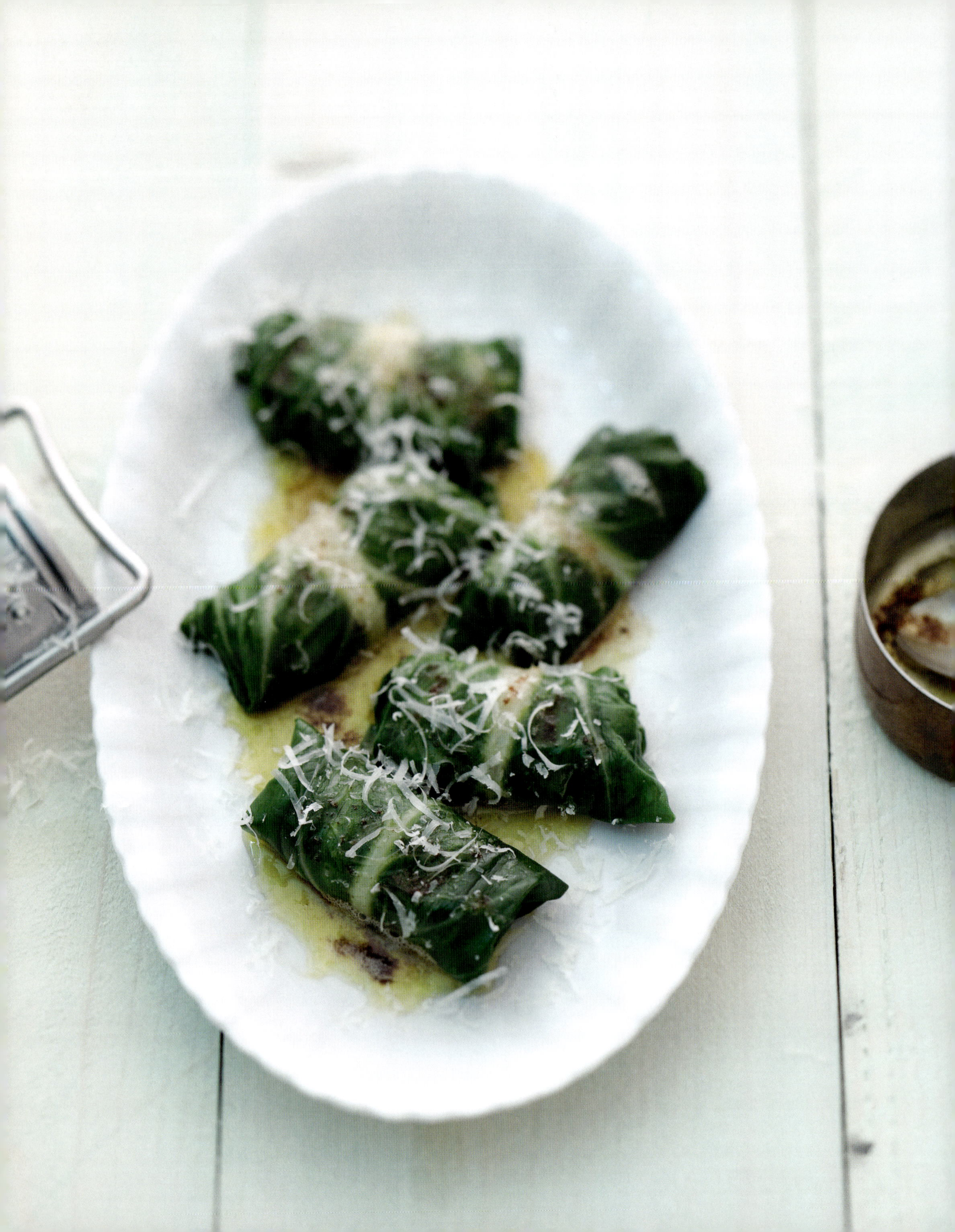

CAPUNS
FÜR 4 PERSONEN

Für die Capuns erst einen Spätzliteig herstellen: dazu Weissmehl, Eier, etwas Wasser oder Milch zu einem relativ festen Teig vermischen. Mindestens eine halbe Stunde ruhen lassen.

In der Zwischenzeit den luftgetrockneten Rohessspeck und Rohschinken mit den Landjägern oder Salsiz in ganz feine Würfelchen schneiden. Petersilie und Krauseminze fein hacken. Alles unter den Teig mischen und sparsam mit Salz und Pfeffer würzen.

Die Mangoldblätter in Salzwasser blanchieren und kalt abschrecken. Jeweils zirka einen Esslöffel Teig auf ein Mangoldblatt geben und darin einwickeln. Zum Päcklischnüren kann ein Metzgerfaden zur Hilfe genommen werden, so hälts bestimmt!

In einer Pfanne Wasser aufsetzen, leicht salzen und köcheln lassen. Capunspäckli darin 5 bis 10 Minuten garen, dann abtropfen und lageweise mit geriebenem Parmesan oder Gruyère in eine vorgewärmte Form geben. Vor dem Servieren mit brauner Butter übergiessen.

500 g Weissmehl
4–5 Eier
etwas Wasser oder Milch
75 g Rohschinken, luftgetrocknet
75 g Rohessspeck, luftgetrocknet
2 Landjäger (oder Salsiz)
1 grosses Bund Petersilie
2 Zweige Krauseminze
ca. 40 kleine, junge Mangoldblätter
200 ml Wasser
Salz und Pfeffer
ca. 70 g geriebener Parmesan oder Gruyère
etwas braune Butter

LAUCH-QUICHE MIT RIESENCREVETTE
FÜR 4 PERSONEN

Für den Teig Mehl, Butter, Wasser, Ei und eine Prise Salz zu einem festen Teig verkneten. Den Teig in Klarsichtfolie einwickeln und mindestens eine halbe Stunde im Kühlschrank ruhen lassen. Den Backofen auf 200 °C (Umluft 180 °C) vorheizen.

Für die Füllung den Lauch putzen und in dünne Scheiben schneiden. In einer Pfanne mit der Butter glasig anschwitzen und leicht auskühlen lassen.

Springform einfetten oder mit Backtrennpapier auskleiden.

Den Teig für den Boden dünn ausrollen und in die Form legen, dabei den Rand etwas hochziehen.

Für den Guss die Eier mit der Crème fraîche und dem Rahm verquirlen, den geriebenen Käse und Lauch untermischen und mit Pfeffer und Muskat abschmecken. Die Lauchmasse auf dem Teigboden verteilen und mit dem Guss übergiessen. Quiche zirka 30 Minuten backen.

Riesencrevetten in wenig Olivenöl anbraten und mit Salz und Pfeffer würzen. Als Garnitur auf die fertige Quiche geben und servieren.

Für eine Springform von 26 cm Durchmesser

FÜR DEN TEIG
200 g Mehl
80 g Butter
50 g Wasser
1 Ei
eine Prise Salz

FÜR DEN BELAG
200 g Lauch
2 EL Butter
80 g Emmentaler, gerieben
150 g Gruyère, gerieben

FÜR DEN GUSS
5 Eier
250 g Crème fraîche
80 g Rahm
etwas Pfeffer
1 Prise Muskat

FÜR DIE GARNITUR
4 Riesencrevetten, ohne Schale
etwas Olivenöl
Salz und Pfeffer

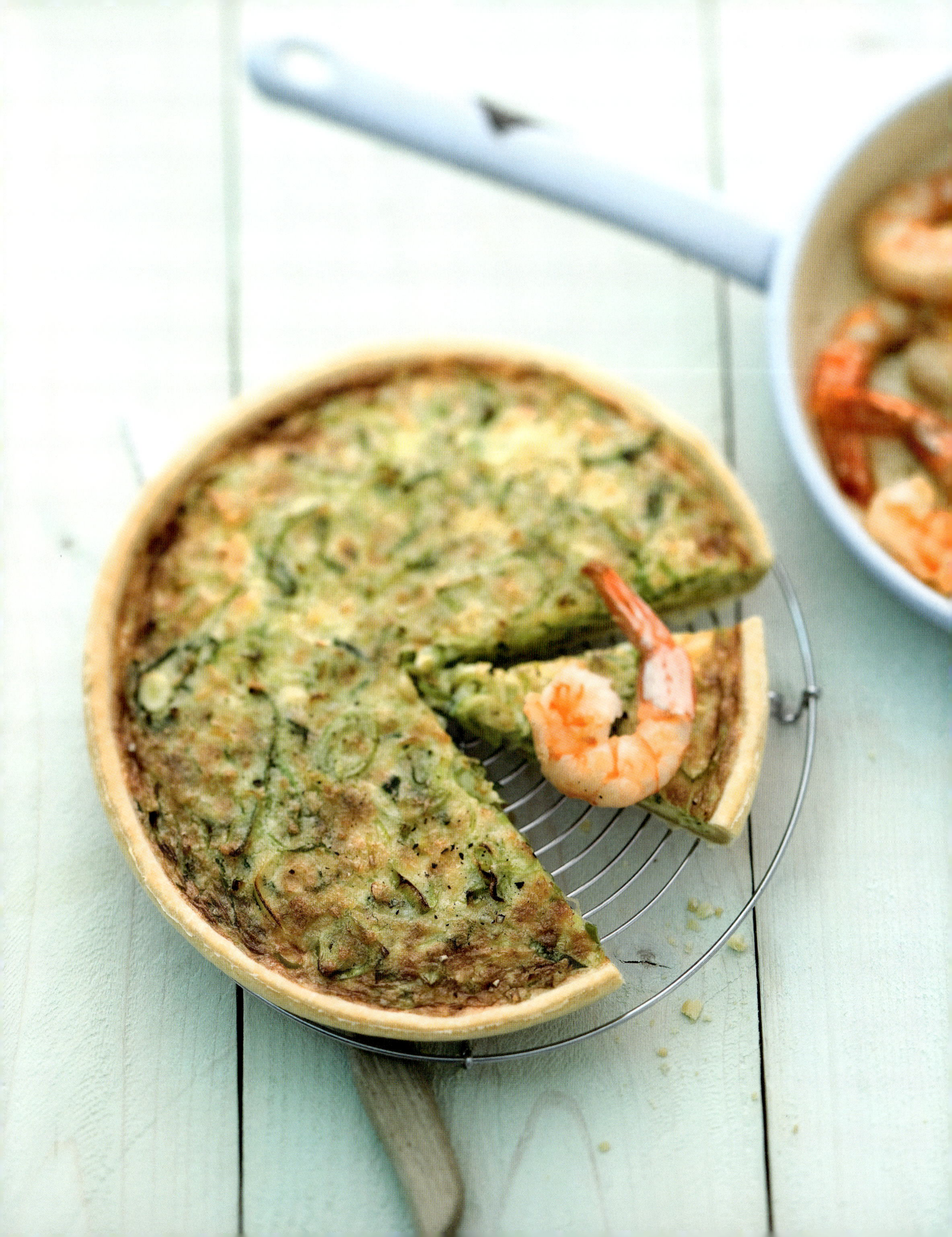

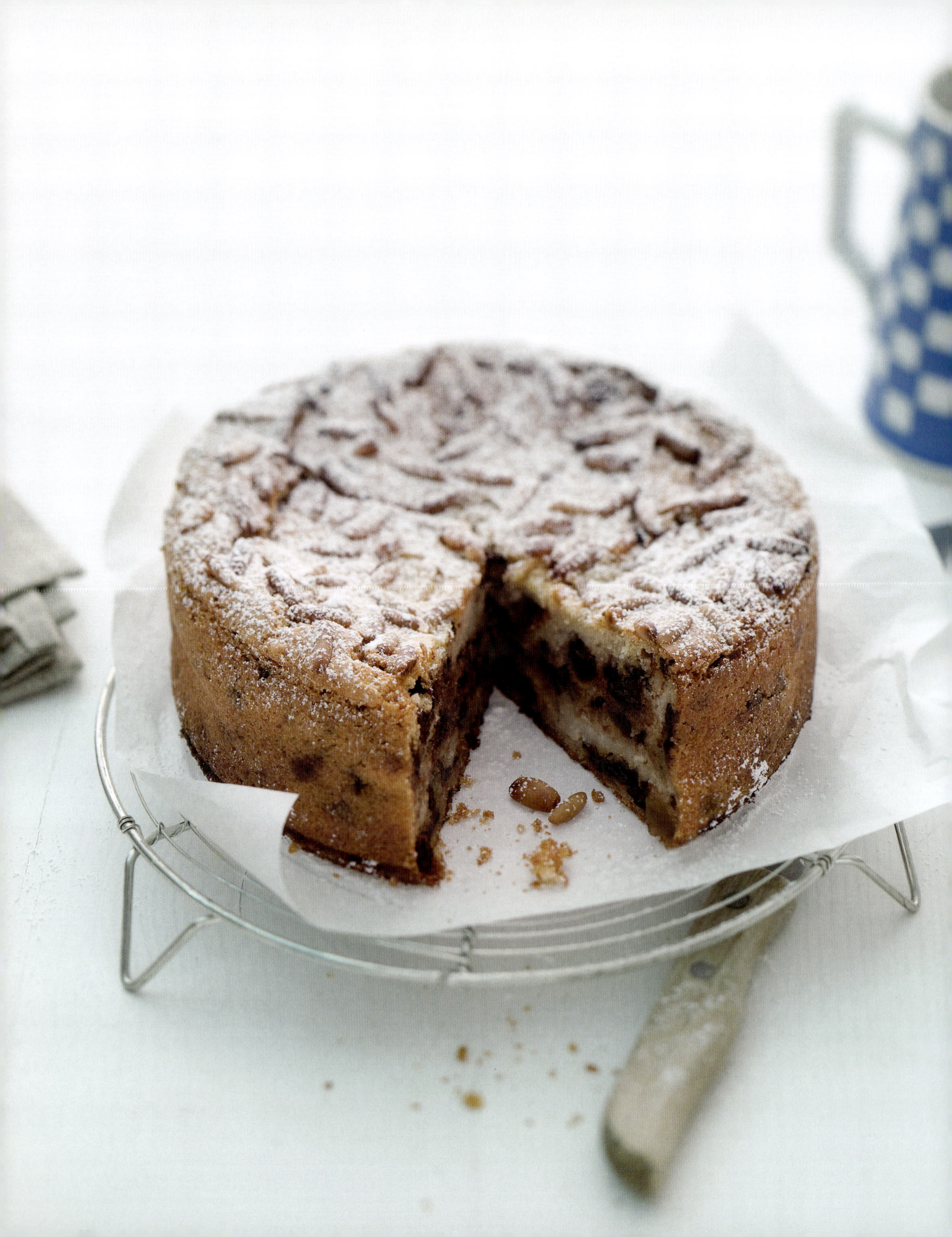

TORTA DI PANE
FÜR 4 PERSONEN

Den Ofen auf 180 °C vorheizen.

Für die Torte erst Milch, Butter und Vanillemark aufkochen. Das altbackene Brot in Würfel schneiden, heisse Milch darübergiessen und 30 Minuten stehen lassen. Dann alles sehr grob pürieren. Schokolade, kandierte Früchte, Sultaninen, Mandeln und etwas Bittermandelaroma zur Brotmasse geben, alles sehr gut vermischen.

Eier, Zucker und Zimt zu einer hellen, schaumigen Creme aufschlagen, dann sorgfältig unter die Brotmasse ziehen.

Springform einfetten und mit dem Paniermehl ausstreuen.
Masse einfüllen, Pinienkerne und Butterflocken darüber verteilen.
70 bis 80 Minuten im Ofen backen.

WICHTIG
Torte vor dem Servieren mindestens zwei Tage ruhen lassen. Dann genüsslich servieren und geniessen!

Für eine Springform von 26 cm Durchmesser

800 ml Milch
50 g Butter
1 Vanilleschote, ausgekratztes Mark
300 g altbackenes Weissbrot
100 g dunkle Schokolade, grob gehackt
100 g kandierte Fruchtwürfelchen, gehackt
100 g Sultaninen
150 g Mandeln, gemahlen
einige Tropfen Bittermandelaroma
4 Eier (ca. 220 g)
120 g Zucker
2 g Zimtpulver (ca. 1 TL)
10 g Paniermehl
100 g Pinienkerne
20 g Butterflocken

ANDREAS CAMINADA
SCHLOSS SCHAUENSTEIN
SCHAUENSTEIN SCHLOSS RESTAURANT
7414 FÜRSTENAU
WWW.SCHAUENSTEIN.CH

WIE DUFTET IHRE KINDHEIT?
Ich bin in den Bergen aufgewachsen, und bei uns zu Hause gab es eine bodenständige Bündner Küche. Ich denke da an den Duft von Pizokel oder mein Lieblingsessen als Kind: Capuns! Meine Mutter hat die Capuns immer schön in rohe Mangoldblätter gepackt und in einer Bouillon-Milch-Mischung gegart. Ein herrlicher Duft.

WAS KOCHEN SIE, WENN SIE NACH EINEM LANGEN TAG EINEN KULINARISCHEN SEELENTRÖSTER BRAUCHEN?
Ich koche mir dann gerne einen Teller Pasta, eine Suppe oder einen Salat. Etwas ganz Einfaches, das ich mir spontan mit den Zutaten, die mein Kühlschrank gerade hergibt, koche.

WELCHES GERICHT KOCHEN SIE AM LIEBSTEN FÜR IHRE LIEBEN, FÜR FAMILIE UND FREUNDE?
Während eines Urlaubs in Südafrika habe ich ein herrliches Linsencurry in einem indischen Restaurant gegessen, das ich nicht mehr vergessen konnte. Also habe ich es immer wieder nachgekocht, bis es genauso gut war wie jenes in meinem Urlaub. Es ist ein wunderbar wandelbares Rezept, das ich eigentlich nie nach Rezept, sondern immer nach Lust und Laune koche.

WELCHES IST DIE EINFACHSTE, ABER UNIVERSELLSTE ZUTAT IN DER KÜCHE?
Zwiebeln sind toll – sie geben so vielen Gerichten einen guten Geschmack. Aber auch Tomaten oder Gurken. Daraus lassen sich im Nu feine Salate oder Suppen kreieren.

WARUM MACHT KOCHEN GLÜCKLICH?
Für mich ist Kochen Beruf, Passion, Freude und grösste Herausforderung gleichermassen. Ich liebe es, mit schönen Produkten etwas zu kreieren. Dazu kommt, dass ich als Koch ja auch Gastgeber bin – ich versuche, dem Gast das ganze Paket von sehr gutem Essen und perfekter Ambiance zu bieten. Das Kochen fasziniert mich und fordert mich täglich auch heraus. Kurzum: Kochen erfüllt mein Leben!

WAS HAT SIE BEWEGT, BEI DIESEM PROJEKT MITZUMACHEN?
Der soziale Gedanke war für mich ausschlaggebend. Uns geht es so gut hier in der Schweiz, da fand ich es nur richtig, dass wir auch versuchen etwas weiterzugeben – damit andere es in Zukunft besser haben.

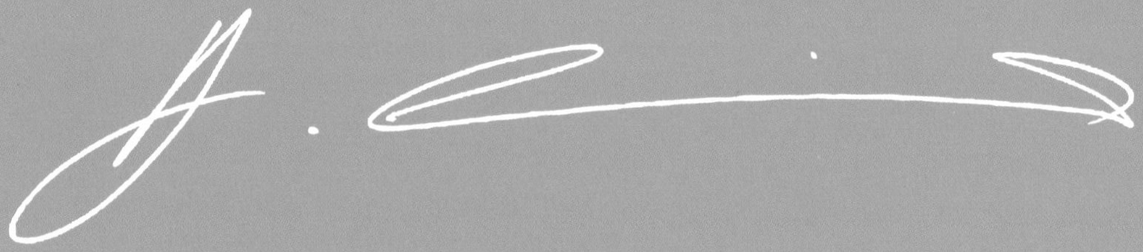

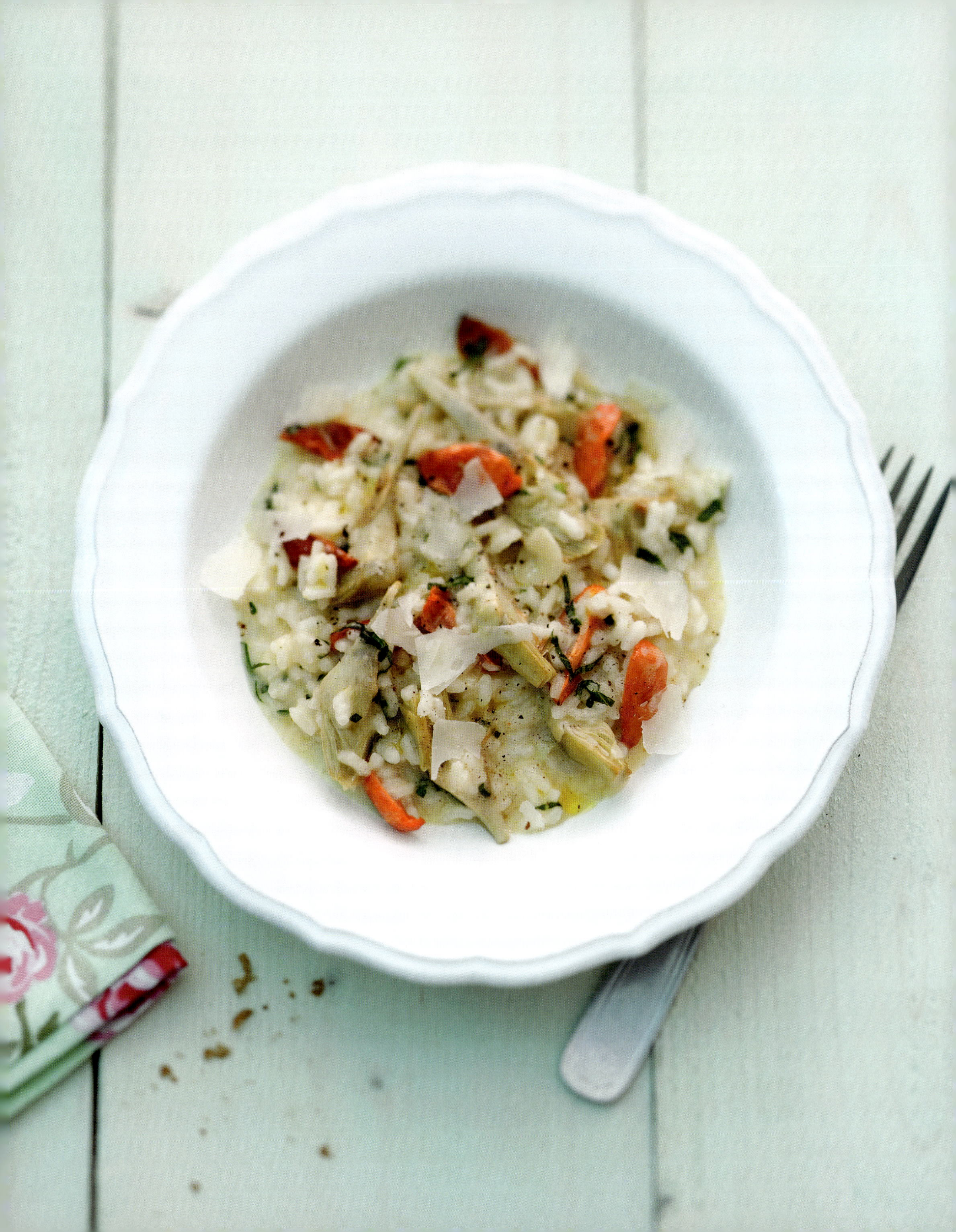

ARTISCHOCKENRISOTTO
FÜR 4 PERSONEN

Für den Risotto erst Knoblauch und Schalotten in Olivenöl und etwas Butter anschwitzen. Risottoreis dazugeben, mit anschwitzen und mit Pfeffer und Salz würzen. Mit Noilly Prat ablöschen und diesen ganz einreduzieren lassen. Die Bouillon nach und nach beigeben; den Reis sämig kochen.

In der Zwischenzeit die Artischocken zubereiten: Artischocken in kleine Ecken schneiden und sofort in etwas Olivenöl anbraten. Sofort salzen und zirka 2 Minuten goldgelb anbraten. Schalotten und Knoblauch dazugeben und mit anbraten. Mit etwas Puderzucker, Salz und Pfeffer abschmecken. Getrocknete Tomaten und Balsamico beigeben, kurz reduzieren lassen.

Zum Anrichten Risotto mit Reibkäse, Rahm und nach Belieben etwas Olivenöl verfeinern. Artischocken dazugeben. Zum Schluss frische Kräuter unterrühren und nach Belieben nochmals abschmecken.

* REZEPT FÜR GETROCKNETE TOMATEN:
Tomaten blanchieren, vierteln, Tomatenschnitze entkernen und auf einen Teller oder ein Blech legen. Mit Olivenöl beträufeln, mit Salz, Pfeffer und frischen Kräutern (z. B. Thymian) und mit feinen Knoblauchscheiben belegen. In der Sonne oder im Ofen bei 80 °C antrocknen.

FÜR DEN RISOTTO
90 g Schalotten
15 g Knoblauch
20 g Olivenöl
ca. 10 g Butter
200 g Acquerello-Risotto
(oder aderer Risottoreis)
Salz, Pfeffer
50 g Noilly Prat
600 g Gemüsebouillon
2 Artischocken, geputzt
5 g Knoblauch
10 g Schalotten
etwas Puderzucker
10 getrocknete Tomaten, fein geschnitten*
1 EL Aceto Balsamico
frisches Basilikum
frischer Zitronenthymian

ZUM VERFEINERN
40 g Reibkäse
50 g Rahm, geschlagen (ca. 50 ml)
etwas Olivenöl, nach Belieben
frisches Basilikum
frischer Zitronenthymian

LINSENCURRY
FÜR 4 PERSONEN

Für das Curry erst Karotte, Knollensellerie, Zwiebel und Knoblauch fein würfeln.

Olivenöl in einer Pfanne erhitzen, erst den Knoblauch und die Zwiebeln anschwitzen, dann Linsen und gewürfeltes Gemüse dazugeben und anschwitzen. Mit Kurkuma und anderen Gewürzen (nach Belieben) würzen und mit Salz abschmecken. Pelati-Tomaten dazugeben. Butter und Rahm dazugeben, mit Bouillon ablöschen und zirka 2 Stunden auf schwachem Feuer köcheln lassen.

Linsencurry auf einem Teller anrichten und mit etwas Crème fraîche und frischem Koriander garnieren.

FÜR DAS CURRY
1 Karotte
⅓ Knollensellerie
2 Zwiebeln
5 Knoblauchzehen
200 g Linsen
Olivenöl, zum Anbraten
Gewürze, nach Belieben
(Curry, 5-Gewürze-Pulver,
Kardamom, Wacholder, Lorbeer)
Salz
1 EL Kurkuma
100 g Pelati-Tomaten
100 g Butter
ca. 100 ml Rahm
ca. 400 ml Bouillon

FÜR DIE GARNITUR
Crème fraîche
frischer Koriander

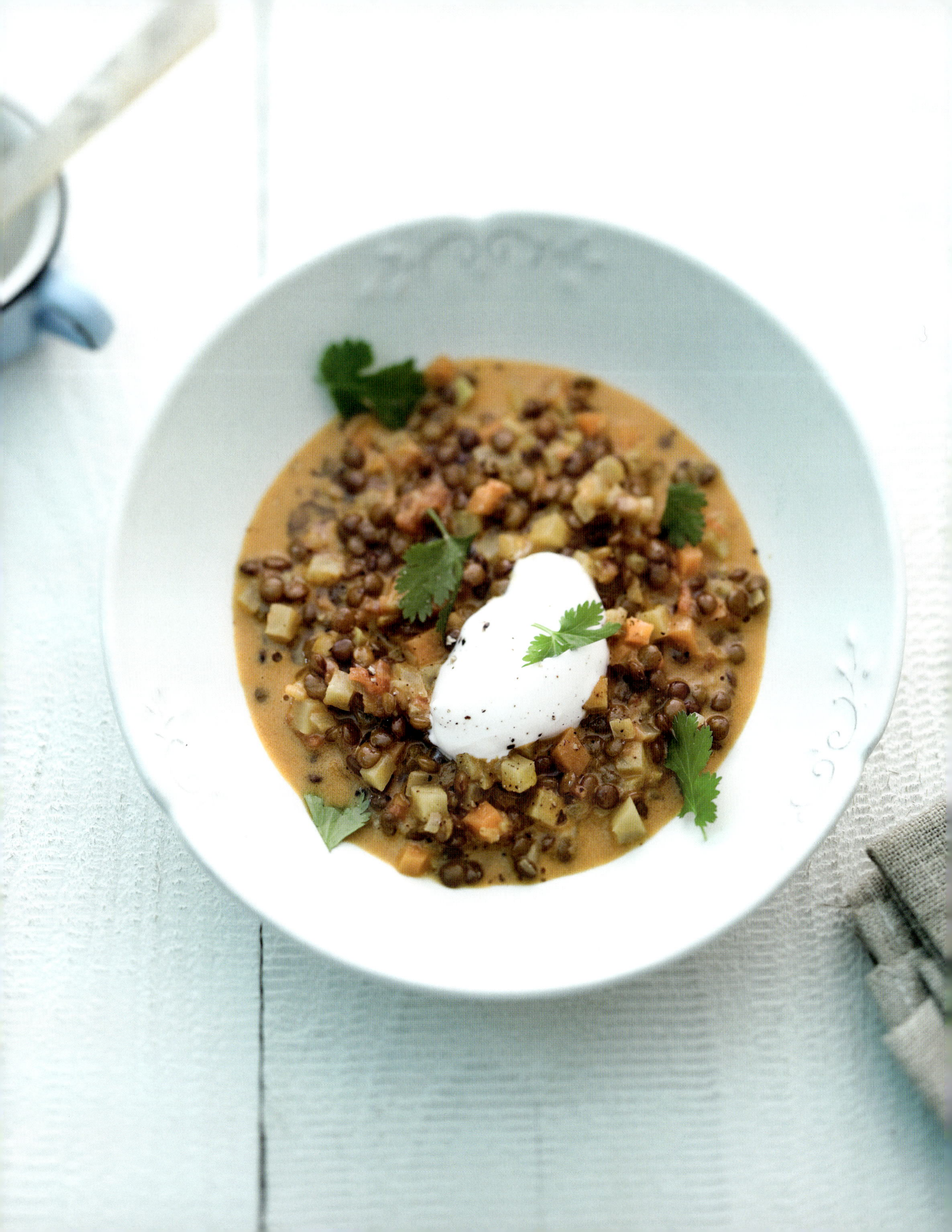

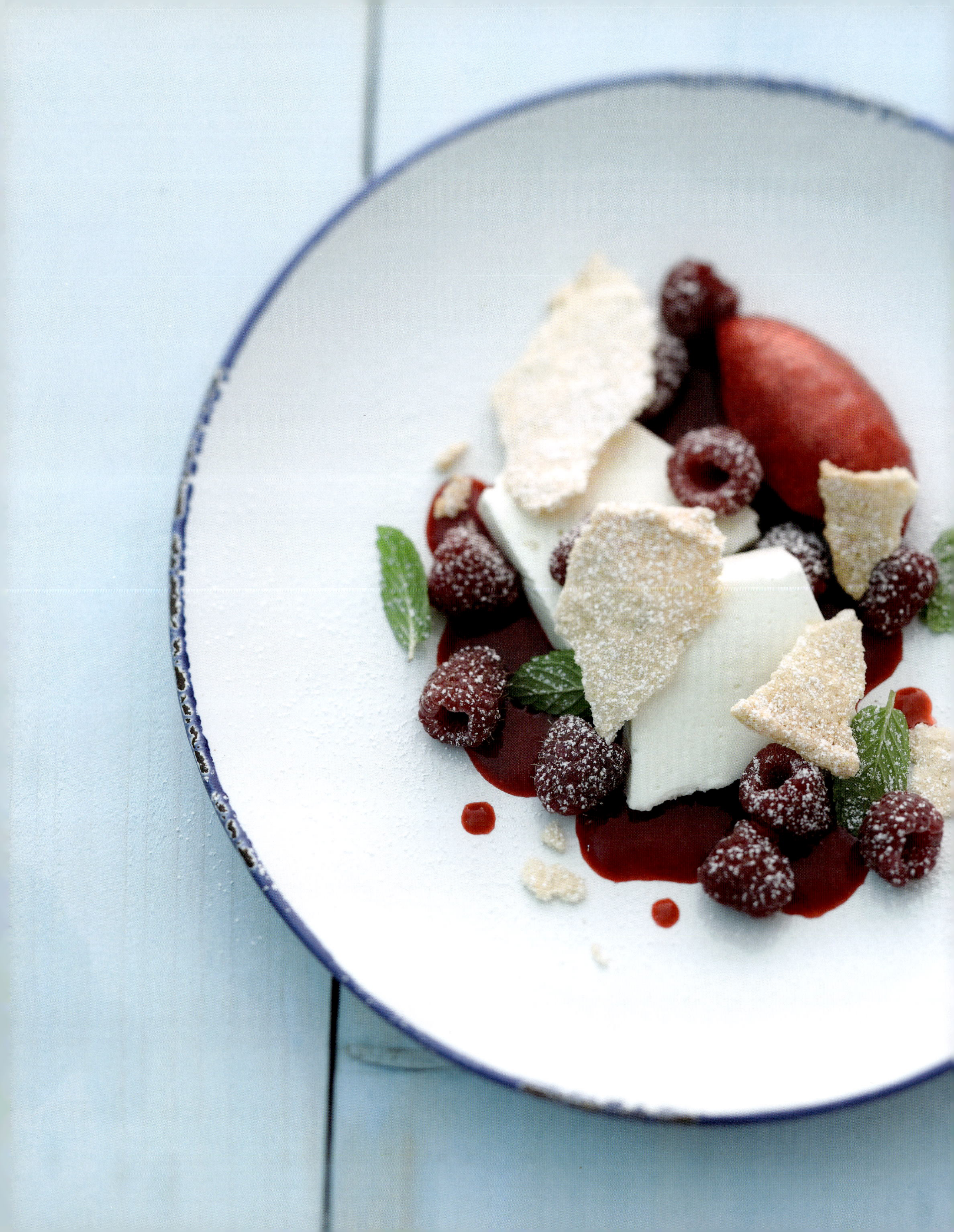

MANDELJAPONAIS MIT HIMBEEREN UND JOGHURT
FÜR 4 PERSONEN

Ofen auf 180 °C vorheizen. Ein Backblech mit einer Silikonmatte oder Backtrennpapier auskleiden.

Für den Mandeljaponais Eiweiss mit 100 g Zucker aufschlagen. Geriebene Mandeln und 250 g Zucker unterheben, zum Schluss flüssige Butter untermischen. Japonaismasse auf einer Silikonmatte 3 bis 5 mm dick aufstreichen. Im vorgeheizten Ofen zirka 10 Minuten backen. Kurz auskühlen lassen und in beliebig grosse Stücke brechen.

Für die Mousse eine Kastenform mit Klarsichtfolie auslegen. Joghurt mit Crème fraîche mischen, gesiebten Puderzucker daruntergeben. Die eingeweichte Gelatine in etwas Joghurt/Crème-fraîche-Masse aufwärmen, auflösen und zurück zur restlichen Masse geben. Zitronen- und Limettensaft unterrühren. Zum Schluss den geschlagenen Rahm unter die Masse heben und in die vorbereitete Form giessen. 2 Stunden kühl stellen.

Die Himbeeren mit Puderzucker bestäuben, etwas Himbeergeist dazugeben und Saft ziehen lassen. Zum Schluss Himbeermark daruntergeben.

Zum Servieren die Joghurtmousse nach Belieben zuschneiden, auf einen Teller setzen und mit den marinierten Himbeeren belegen. Japonais mit etwas Puderzucker bestäuben und auf die Mousse setzen.

Nach Belieben mit einer Nocke Beerensorbet ausgarnieren.

FÜR DAS MANDELJAPONAIS
250 g Eiweiss (von ca. 5 Eiern)
100 g Zucker
250 g Mandeln, gemahlen
250 g Zucker
40 g Butter, flüssig

FÜR DAS JOGHURTMOUSSE
200 g Nature-Joghurt
200 g Crème fraîche
80 g Puderzucker, gesiebt
5 Blatt Gelatine, eingeweicht
1 Zitrone, Saft
1 Limone, Saft
200 g Rahm, geschlagen

FÜR DIE HIMBEEREN
100 g Himbeeren
3 TL Puderzucker
1 TL Himbeergeist
1 TL Himbeermark

GARNITUR
frische Pfefferminzblättchen, nach Belieben
etwas Beerensorbet, nach Belieben

PHILIPPE CHEVRIER
DOMAINE DE CHÂTEAUVIEUX
CHEMIN DE CHÂTEAUVIEUX, 16
1242 SATIGNY
WWW.CHATEAUVIEUX.CH

WAS FÜR KINDHEITSERINNERUNGEN VERBINDEN SIE MIT DEM KOCHEN?
Als Kind mochte ich es besonders gerne, meiner Mutter und Grossmutter bei der Speisenzubereitung zuzuschauen. Seit ich denken kann, machte mir meine Mutter jedes Jahr zum Geburtstag Muscheln. Ausserdem liebte ich den Geruch von Vanille. Meine Mutter vermischte diesen mit Zucker, um damit bestimmte Nachtische zuzubereiten.

WARUM IST KOCHEN EIN MENSCHLICHER, PERSÖNLICHER GEWINN?
Ein Koch hat die Gabe, durch sein Können Menschen an einem Tisch zusammenzubringen – ich empfinde das als etwas sehr Schönes. Dieser Beruf ist auch deswegen besonders befriedigend, weil er alle fünf Sinne beansprucht. Es ist ausserdem eine Freude, mit den besten Produkten, die uns die Natur gibt, zu arbeiten.

WIE LASSEN SIE SICH IN DER KÜCHE INSPIRIEREN?
Ich lasse mich vor allem von den Jahreszeiten inspirieren und den vielen Produkten, die jede Jahreszeit uns immer wieder aufs Neue bietet.

WAS DARF IN EINER KÜCHE NIE FEHLEN?
Unverzichtbar ist für mich gutes Salz, vor allem Fleur de Sel. Es ist eine kostbare Würze und gibt dem Gericht ausserdem eine schöne, knusprige Textur.

SIE SERVIEREN UNS ZUM NACHTISCH EIN SCHOKOLADEN-KÜCHLEIN. WAS IST DAS GEHEIMNIS, DAMIT ES GELINGT?
Das Rezept ist einfach, aber entscheidend zum Gelingen sind die Aromen! Auch beim Dessert soll man nur die besten Zutaten verwenden, damit es köstlich wird. Für das Schokoladentörtchen verwende ich Schokolade mit 70 % Kakaoanteil, die ich aus Venezuela beziehe.

Philippe Chevrier

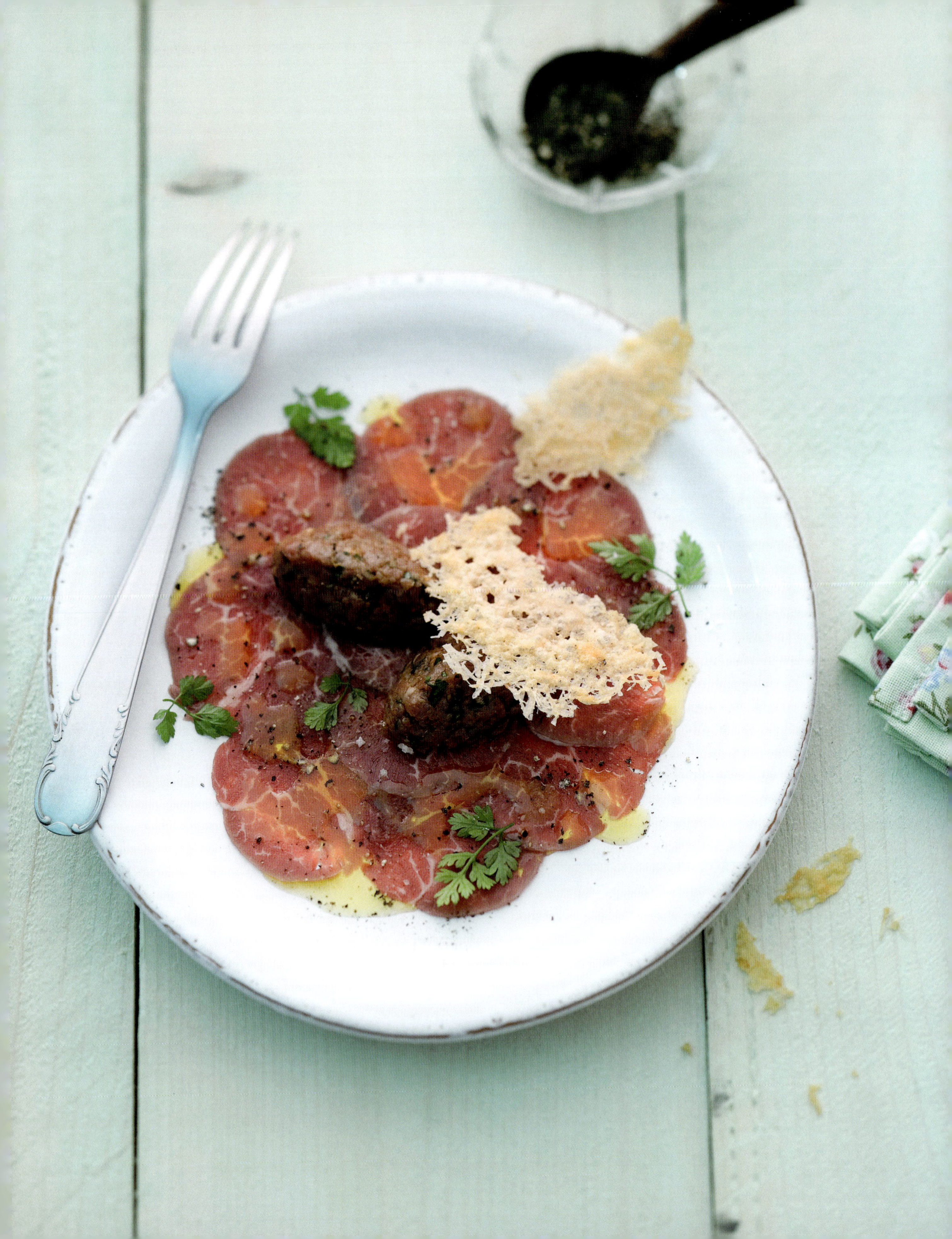

CARPACCIO UND TATAR MIT PARMESAN
FÜR 4 PERSONEN

Das Tatar mit dem Messer fein hacken oder durch den Fleischwolf drehen. Cornichons, Kapern, Petersilienblätter und Schalotten ebenfalls klein schneiden.

Den Ofen auf 150 °C vorheizen.

Für die Parmesantuile den geriebenen Käse mit Hilfe eines Backringes auf einem mit Backtrennpapier belegten Blech verteilen. Im Ofen gerade so lange backen, bis der Käse schmilzt. Blech während des Backens einmal wenden.

Schalotten, Cornichons, Kapern und Petersilie in eine vorgeeiste Rührschüssel geben. Ein bisschen Ketchup, Worcestershire-Sauce, Tabasco und Olivenöl beifügen. Salzen und pfeffern. Das Tatar beimengen und nach Belieben nachwürzen. Wenn nötig, ein Eigelb als Bindemittel hinzufügen.

Zum Anrichten erst das Carpaccio auf dem Teller anrichten. Mit Salz und Pfeffer würzen, mit Olivenöl beträufeln. Tatar mit Hilfe eines Löffels zu einer Nocke formen und darauf anrichten. Mit Parmesantuile und frischem Kerbel garnieren.

TIPP
Dazu serviere ich gerne ein Gläschen selbstgemachte, klare Gemüsebrühe, die ich mit klein ausgestochenen Gemüsekügelchen und etwas Gelatine anreichere.

FÜR DAS TATAR
400 g Bisontatar
50 g Bison- oder Rindfleischtatar, vom Metzger geschnitten
10 g Cornichons
10 g Kapern
20 g glattblättrige Petersilie
1 Schalotte
1 Eigelb, nach Belieben
Ketchup, nach Belieben
Worcestershire-Sauce, nach Belieben
Tabasco, nach Belieben
Olivenöl, nach Belieben
50 g Parmesan, gerieben
etwas frischer Kerbel

GEGRILLTER THUNFISCH MIT ESTRAGONTEMPURA
FÜR 4 PERSONEN

Die Thunfischfilets mit Sojasauce, Sesamöl und Olivenöl marinieren und bei Raumtemperatur ziehen lassen.

Für das Gemüse die Paprika schälen, entkernen und in feine Würfelchen schneiden. Dabei die grünen Würfelchen von den anderen trennen. Die Tomaten in kochendes Wasser tauchen, abschrecken, enthäuten, entkernen und ebenfalls würfeln.

Die Schalotten gemeinsam mit einer Knoblauchzehe und einem Thymianzweig anschwitzen. Die roten und gelben Paprikawürfel zufügen und umrühren. Erst zum Schluss die grünen Würfel gemeinsam mit den Tomaten beigeben. Mit Salz und Pfeffer abschmecken.

Für die Sauce die Schalotte mit einem Bund Estragon in Olivenöl anschwitzen, mit dem Balsamicoessig ablöschen, einkochen, dann den Fischfond dazugeben. Einmal aufkochen und ziehen lassen. Sauce durch ein feines Sieb passieren, wieder einkochen und zum Schluss Butter unterziehen. Mit Estragon abschmecken und mit dem Mixer aufschäumen.

Für den Tempurateig Mehl, Maisstärke und Bier glatt rühren, den Eischnee unterheben. Im Eisbad kalt stellen. Öl auf etwa 160 °C erwärmen, Estragon durch den Tempurateig ziehen und im heissen Öl ausbacken.

Die Thunfischstücke von allen Seiten kurz grillieren. Dabei darauf achten, dass das Innere roh bleibt.

Zum Anrichten das Gemüse auf 4 Teller verteilen, den grillierten Thunfisch daraufgeben und Sauce dazugiessen. Mit Koriandersamen und der Estragontempura ausgarnieren.

4 Thunfischfilets, zu je 100 g
10 ml Sojasauce
10 ml Sesamöl
30 ml Olivenöl extra vergine

FÜR DAS GEMÜSE:
je 1 rote, gelbe und grüne Paprika
4 Kirschtomaten
2 weisse Schalotten, fein geschnitten
1 Knoblauchzehe, gehackt
1 Zweig Thymian
Salz und Pfeffer, zum Abschmecken

FÜR DIE SAUCE:
frischer Estragon
1 Schalotte, fein geschnitten
ein Bund frischer Estragon
250 ml Fischfond
10 ml Balsamicoessig
50 g Butter
etwas Olivenöl

FÜR DIE ESTRAGONTEMPURA:
50 g Mehl
50 g Maisstärke
1 Eiweiss, steif geschlagen
2 dl Bier
Öl zum Ausbacken
ein Bund frischer Estragon

FÜR DIE GARNITUR:
10 g Koriandersamen

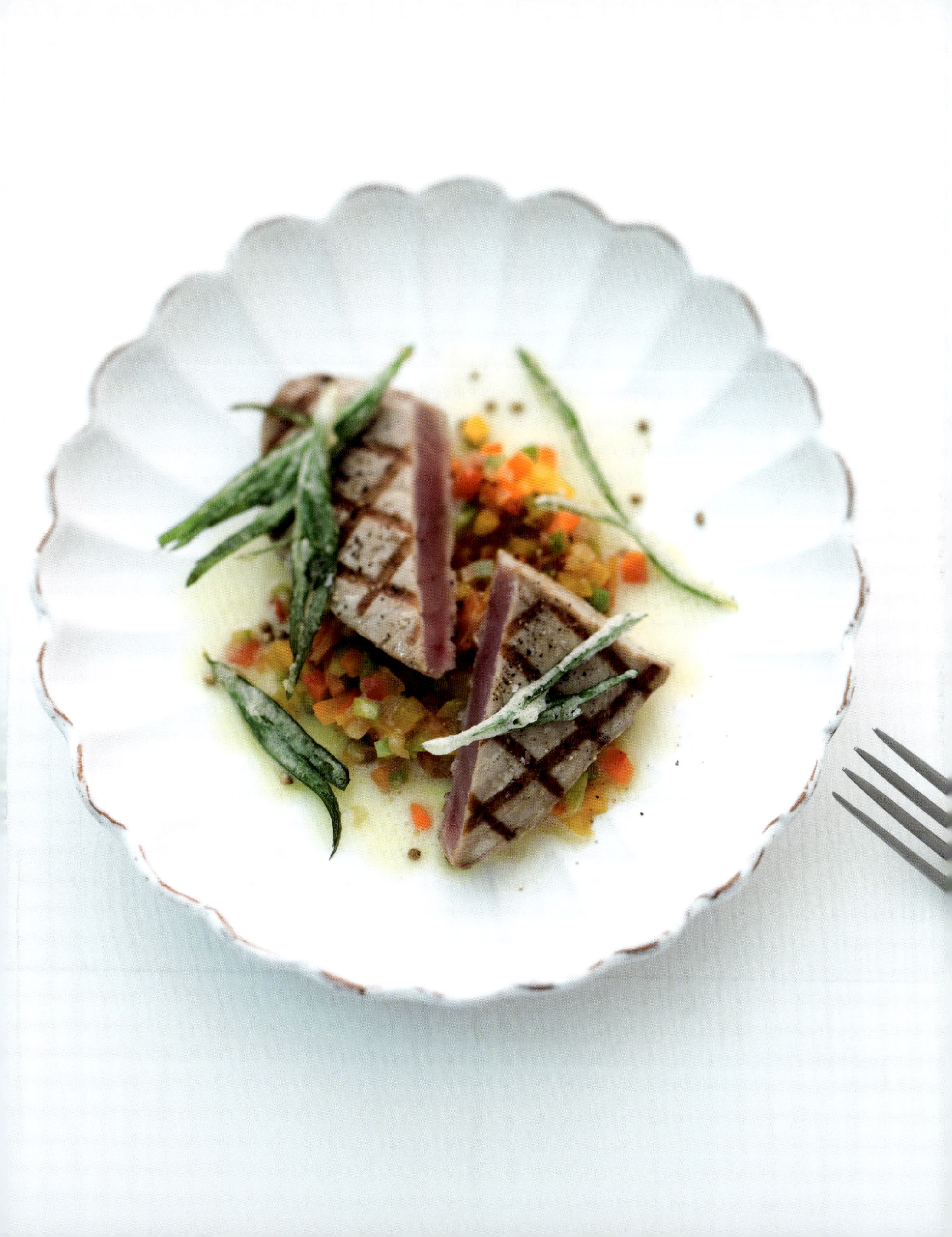

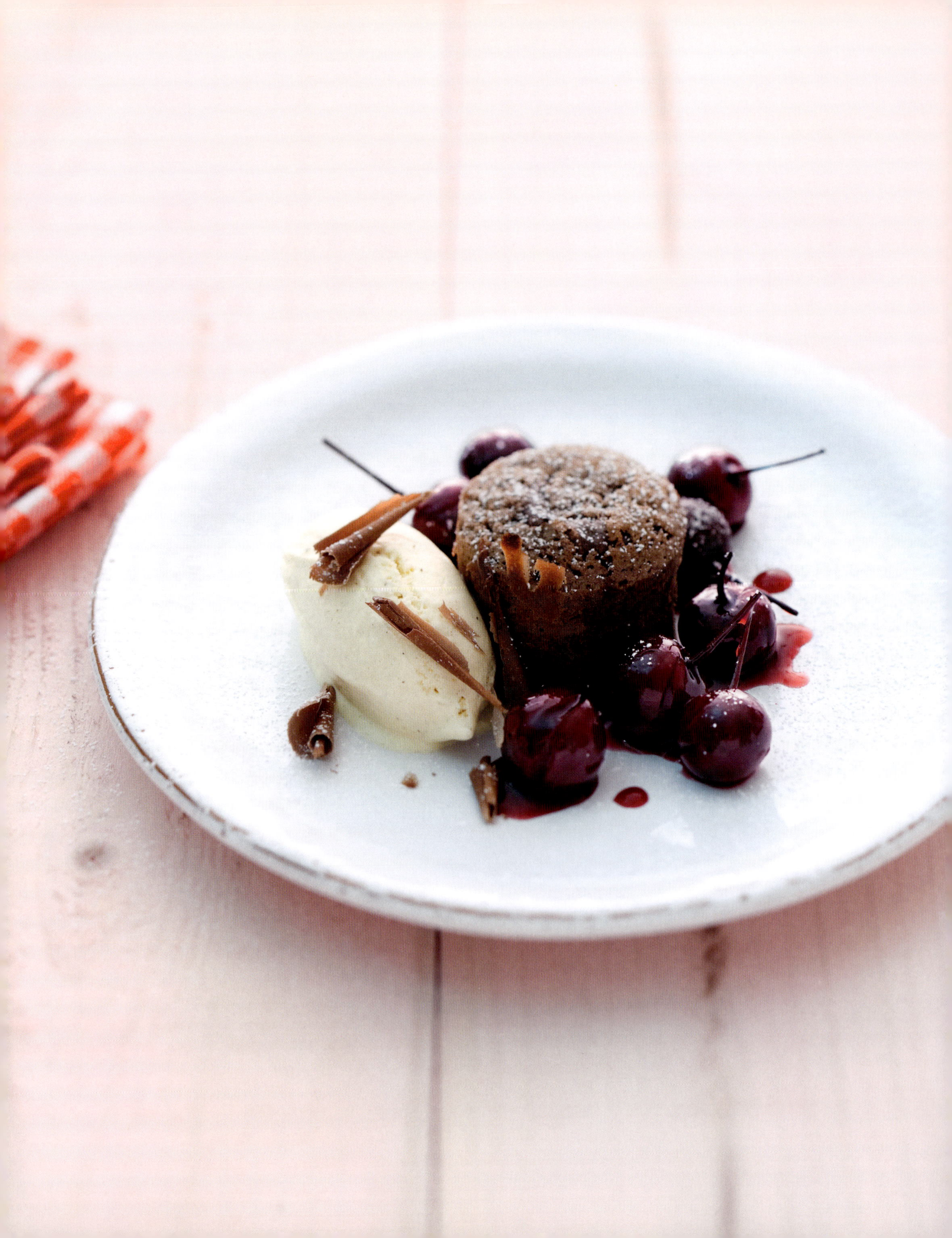

WEICHES SCHOKOLADENBISCUITTÖRTCHEN MIT VANILLEEIS
FÜR 4 PERSONEN

Den Ofen auf 210 °C vorheizen.

8 Tortenringe von zirka 6 Zentimeter Durchmesser mit gebuttertem Backtrennpapier auslegen. Für das Biscuittörtchen die Schokolade mit der Butter im Wasserbad schmelzen. Eier und Zucker vermischen und über einem Wasserbad erwärmen. Dann zu einer luftigen Masse aufschlagen. Das Mehl in die Schokoladenmasse sieben und unterrühren. Zum Schluss vorsichtig die Eier-Zucker-Masse unterheben.

Die vorbereiteten Tortenringe zu drei Viertel mit der Masse füllen und für etwa 7 Minuten im Ofen backen.

Für das Vanilleeis Milch und Rahm mit dem Vanillemark aufkochen. Eigelb mit dem Zucker vermischen und auf 85 °C erwärmen, zur Milch geben und durch ein feines Sieb passieren, dann Kondensmilch dazugeben und in der Eismaschine gefrieren lassen.

Zum Servieren ein warmes Törtchen auf einem Teller mit einer Nocke Vanilleeis und nach Belieben etwas Fruchtkompott und Schokoladenspänen anrichten. Sofort servieren!

FÜR DIE TÖRTCHEN
125 g Schokolade (70 % Kakao-Anteil)
125 g Butter
4 Eier
200 g Zucker
50 g Mehl

FÜR DAS VANILLEEIS
7 dl Vollmilch
3 dl Vollrahm
3 Vanilleschoten, ausgekratztes Mark
9 Eigelb
225 g Zucker
130 g Kondensmilch, gezuckert

Fruchtkompott, nach Belieben
Schokoladenspäne, nach Belieben

HANS-PETER HUSSONG
WIRTSCHAFT ZUM WIESENGRUND
KLEINDORFSTRASSE 61
8707 UETIKON AM SEE
WWW.WIESENGRUND.CH

BRAUCHT ES FÜR SIE GERADE MAL EINE SONNENTRUNKENE TOMATE ZUM GLÜCK AUF DEM TELLER?
Mit einer reifen Tomate machen Sie mich glücklich. Ich hab meine eigenen Tomaten im Garten, und wenn ich die direkt vom Strunk pflücke und mit etwas Salz und Pfeffer würze, dann ist das für mich einfach perfekt! Wenn man jetzt eine Tomatensauce mit wunderbarem Ziegenkäse auf einem Toast serviert, dann ist das für mich wirklich ein Stück Glück auf dem Teller.

SIE VERRATEN IHR REZEPT FÜR DIE KALBSHAXE. IHR ULTIMATIVES WOHLFÜHLGERICHT?
Genau, die Kalbshaxe mache ich gerne, wenn ich für Freunde und Kollegen koche. Dann tische ich gerne etwas auf, was man nicht mehr so oft sieht, eben klassisch geschmorte, schöne Fleischstücke. Ich mag dann auch ein grosses Stück Fleisch servieren, es ist rustikal, währschaft und schmeckt ausgezeichnet zu einem selbstgemachten Kartoffelstock.

WAS WAR IHR ERSTES GERICHT?
Kartoffelpuffer! Ich bin im Saarland aufgewachsen, da gehörte es natürlich dazu, dass man anständige Kartoffelpuffer kochen konnte. Mit meiner Mutter habe ich Kartoffeln und Zwiebeln gerieben, frischen Lauch daruntergemischt, ein Eigelb dazugegeben und mit Salz und Pfeffer abgeschmeckt, bevor sie golden ausgebacken wurden. Serviert wurden sie mit Apfelmus – herrlich, wie das duftete!

WAS ESSEN SIE FÜRS LEBEN GERNE?
Ich bin ein Suppenkasper! Ich mag Suppen und Eintöpfe fürs Leben gerne. Man kann sie so vielseitig zubereiten und servieren. Als Vorspeise, warm oder kalt. Sie schmecken wunderbar als Stärkung für zwischendurch, sind als Suppeneintopf aber nahrhaft genug für eine Hauptspeise.

WARUM SIND SIE BEIM KOCHEN GLÜCKLICH?
Weil ich dann entspanne. Es ist ein kreativer Beruf, der einen beruhigt. Es ist eine sehr kreative Tätigkeit, bei der jeder Tag anders ist. Die Jahreszeiten und das saisonale Angebot bringen jeden Tag eine neue Überraschung, eine neue Zutat. Das ist für uns natürlich spannend und immer wieder schön.

Hans-Peter Feldmann

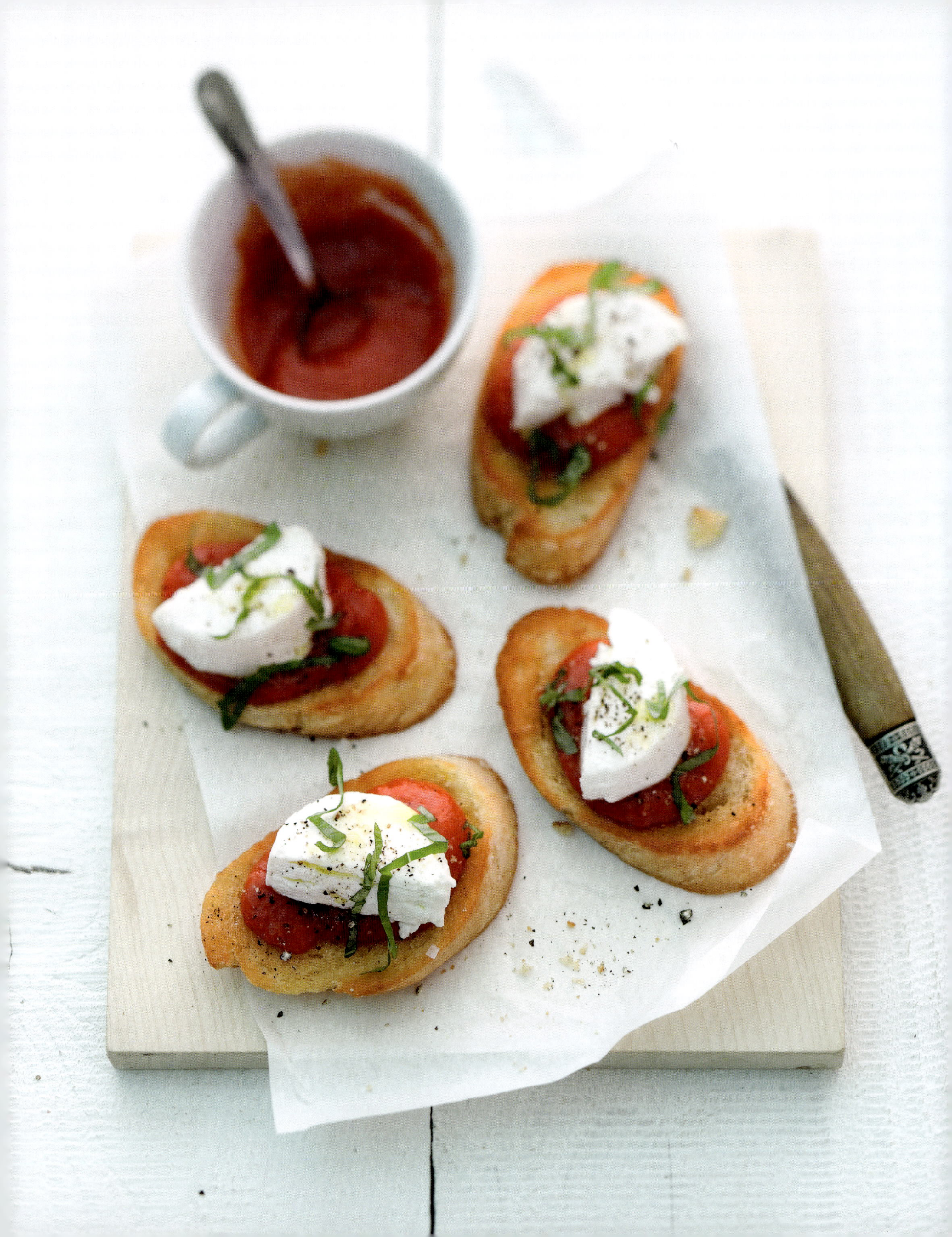

ZIEGENKÄSE AN TOMATENPASSATA UND OLIVENÖL
FÜR 4 PERSONEN

Für die Tomatenpassata die Tomaten vom Strunk entfernen, klein schneiden und in einem Topf 6 Stunden köcheln lassen. Dann durch ein Sieb passieren und warm stellen.

Die Weissbrotscheiben mit etwas Olivenöl beträufeln und knusprig rösten oder toasten.

Den Käse unter dem Grillrost im Ofen erhitzen, mit Fleur de Sel und Kubebenpfeffer würzen.

Das geröstete Weissbrot mit etwas Tomatenpassata bestreichen und den warmen Käse darauf anrichten (evtl. die Formaggini vorher noch halbieren). Mit etwas Olivenöl beträufeln, nach Belieben mit frischem Basilikum garnieren und servieren.

1 kg vollreife Tomaten
2 Formaggini (Ziegenfrischkäse)
4 Scheiben Weissbrot
Fleur de Sel
Kubebenpfeffer aus der Mühle
Olivenöl extra vergine
frisches Basilikum, nach Belieben

KANINCHENROULADE IM RAUCHSPECKMANTEL
FÜR 4 PERSONEN

Für die Farce die Spitzen der Kaninchenfilets, Fleisch der Kaninchenkeule und Eiweiss in der Küchenmaschine so fein wie möglich mixen. Kalten Rahm dazugeben und alles durch ein Sieb drücken.

Salbei, Rosmarin und Majoran fein hacken. Die Petersilie separat hacken und in einem Passiertuch gut ausdrücken, so behält sie ihre Form. Die Pilze nach Bedarf in feine Scheiben schneiden, kurz anbraten und mit Salz und Pfeffer würzen. Mit der Petersilie und den gehackten Kräutern zur Farce nach Bedarf abschmecken.

Je ein Kaninchenfilet mit der Farce bestreichen und in den Specktranchen einrollen. Das Olivenöl in einer Pfanne erhitzen und die Rouladen kross braten. Dann im Ofen bei etwa 120 °C für weitere 10 Minuten fertig garen.

Von den Kaninchenkarkassen einen kleinen Jus herstellen. Dazu die Karkassen in einer Pfanne anbraten, mit Marsala und Bouillon oder Wasser ablöschen.

Zum Anrichten die Rouladen aufschneiden, auf einen Teller geben und mit dem Marsalajus angiessen.

Die Kaninchenrouladen schmecken herrlich zu Risotto, Polenta oder Kartoffelstock.

8 Kaninchenfilets
1 Kaninchenkeule, vom Knochen befreit
1 Eiweiss
100 ml Rahm, kalt
Salbei, Rosmarin, Majoran
100 g Petersilie
60 g Steinpilze
Salz und Pfeffer aus der Mühle
16–20 Rauchspeckscheiben, dünn geschnitten
Olivenöl zum Braten

FÜR DEN JUS
ca. 100 ml Marsala
Bouillon

FÜR DIE GARNITUR
frittierter Salbei, nach Belieben

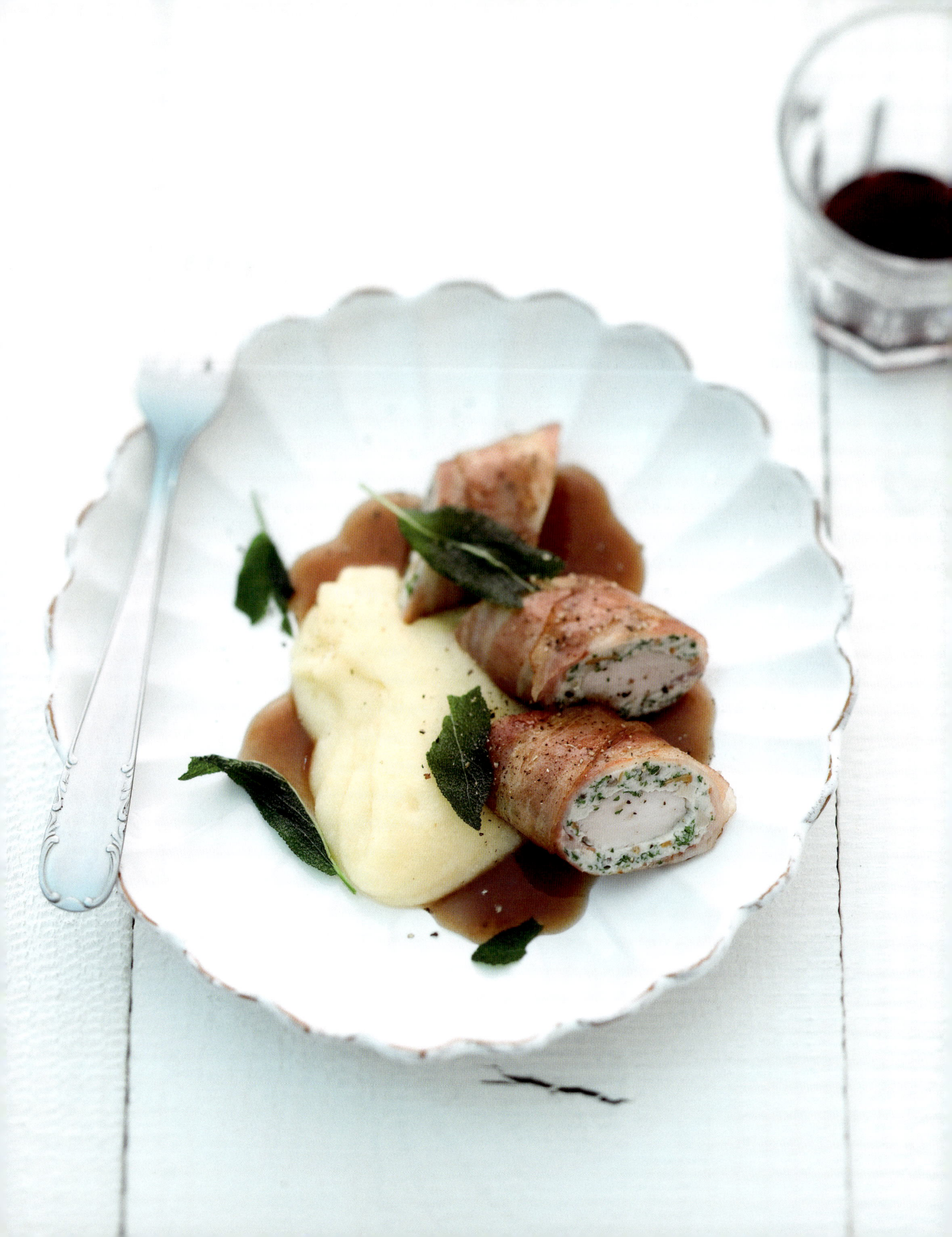

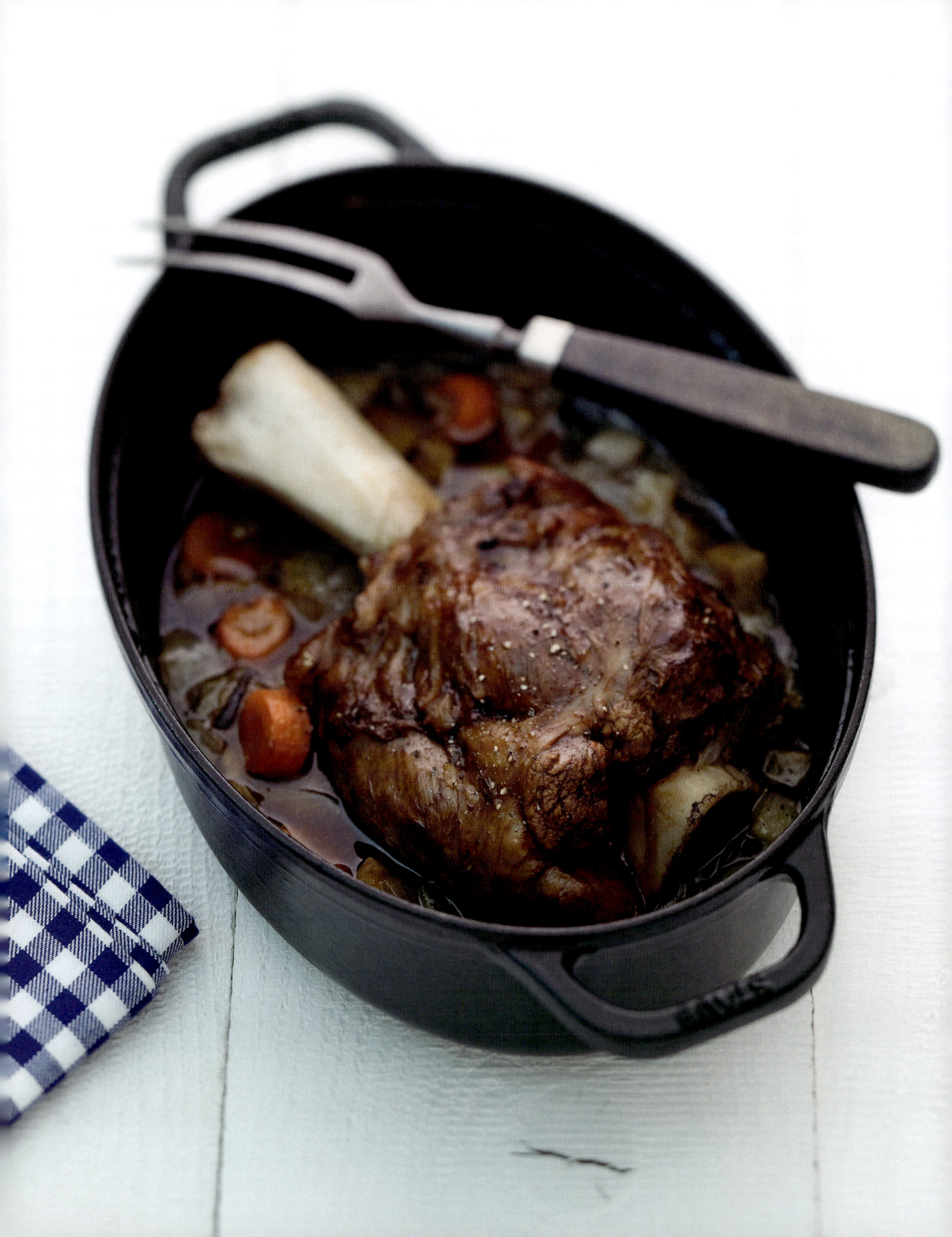

GLASIERTE KALBSHAXE MIT KARTOFFELPÜREE
FÜR 4 PERSONEN

Die Zwiebelhälfte mit der Schnittfläche nach unten auf der Herdplatte braun rösten, mit dem Lorbeerblatt und den Nelken spicken.

In einem grossen Topf 2 Liter Wasser zum Kochen bringen. Die Kalbshaxe mit Salz und Pfeffer würzen, in Öl von allen Seiten anbraten, dann zusammen mit den blanchierten Kalbsfüssen, dem Gemüse, der gerösteten Zwiebel, Knoblauch, Thymian und Pfefferkörnern in das kochende Wasser geben und mit Salz und Pfeffer würzen. Die Haxe etwa 1 Stunde bei kleiner Hitze köcheln lassen und dabei den Schaum an der Oberfläche immer wieder abschöpfen.

Die Kalbshaxe aus dem Topf nehmen, die Bouillon durch ein Sieb giessen, Fettaugen entfernen und 200 ml davon für die Sauce beiseitestellen.

Ofen auf 180 °C vorheizen. In einem Schmortopf das Röstgemüse in der Butter goldbraun rösten, die Haxe hineinlegen und in den Ofen stellen. Darauf achten, dass das Gemüse in den ersten Minuten nicht anbrennt. Nach 7 bis 8 Minuten mit dem Wein, der beiseitegestellten Bouillon und dem Kalbsfond ablöschen, den Rosmarin dazugeben und die Haxe zugedeckt 40 Minuten fertig garen. Etwa 15 Minuten vor Ende der Garzeit den Deckel abnehmen. Oberhitze erhöhen und die Haxe immer wieder mit dem Bratfond übergiessen, dabei bildet sich eine glänzende Schicht auf dem Fleisch.

Haxe aus dem Schmortopf nehmen und zugedeckt warm stellen. Sauce passieren, Fettaugen entfernen, abschmecken und mit Portwein verfeinern.

Haxe auf einer Platte anrichten, Sauce separat dazu reichen und mit Kartoffelstock servieren.

½ Zwiebel, mit der Schale
1 Lorbeerblatt
2 Nelken
1 Kalbshaxe, ca. 1,5–2 kg
Salz, Pfeffer aus der Mühle
100 ml Öl
2 Kalbsfüsse, längs halbiert, blanchiert
1 Stange Lauch, nur weisser Teil, walnussgross gewürfelt
2 Karotten, gebürstet, walnussgross gewürfelt
1 kleines Stück Knollensellerie, geschält, walnussgross gewürfelt
1 Knoblauchzehe, zerdrückt
1 Thymianzweig
10 Pfefferkörner, zerdrückt

100 g Röstgemüse (Karotten, Sellerie, Zwiebel), gewürfelt
30 g Butter
100 ml trockener Weisswein
300–400 ml brauner Kalbsfond
2 Zweige Rosmarin
etwas Portwein

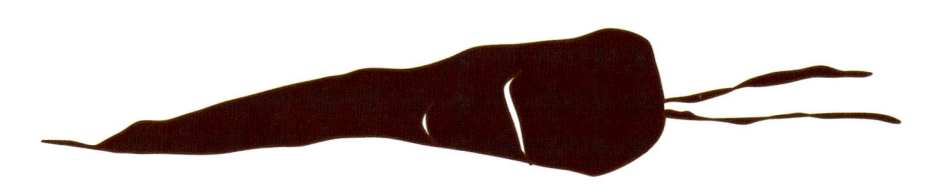

ARNO SGIER
RESTAURANT TRAUBE
BASLERSTRASSE 211
4632 TRIMBACH
WWW.TRAUBETRIMBACH.CH

WAS HABEN SIE ALS KIND GERNE GEGESSEN?
Ich mochte Cremes wahnsinnig gerne, die ich selber gekocht habe. Also eine einfache Schokoladencreme, die ich aber nicht nur zum Dessert gekocht habe. Ich habe sie manchmal mit einer rustikalen Bramatapolenta ohne Käse gegessen. Also die kalte Creme mit der warmen Polenta. Das war für mich eine tolle Geschmacksharmonie als Kind.

WELCHES REZEPT SOLLTE JEDER KOCHEN KÖNNEN?
Eine gute Tomatensauce. Daran erkenne ich auch einen guten Koch. Wer die Balance zwischen der Süsse und Säure in der Sauce verstanden hat, wer mit Gewürzen umgehen kann, hat das Kochen verstanden. Mit einer Tomatensauce ist man für alles gerüstet: Man kann unzählige Pastagerichte zubereiten, sie zu Gemüse servieren, eine Lasagne ...

WAS IST IHR LIEBLINGSGERICHT?
„Gschwellti" und Käse. Damit bin ich aufgewachsen, und es gibt für mich heute immer noch nichts Besseres als ein Stück superguten Käse und feine Kartoffeln.

WARUM SIND SIE KOCH GEWORDEN?
Ich wollte als Jugendlicher einfach irgendwo arbeiten, wo es warm ist, und als Koch friert man nie. In der Lehre wurde plötzlich der Ehrgeiz geweckt, und ich habe gemerkt, was für Möglichkeiten der Beruf auch bietet: Man kann reisen, viele Kulturen kennenlernen, und das fasziniert mich heute noch. Ich interessiere mich für Menschen und ihre Kulturen, und das bringt mich beim Kochen auch weiter. Somit wurde der Beruf zur Berufung und grössten Leidenschaft.

UND IHR REZEPT FÜR DEN TOSKANISCHEN BROTSALAT, KOCHEN SIE DEN GEGEN DAS FERNWEH?
Auch, aber mich fasziniert, wie hier in einem einfachen Rezept die Süsse und Säure wieder perfekt harmoniert. Die süssen Tomaten, die frischen Frühlingszwiebeln mit ihrer Säure, die Kräuter und das alte Brot, das hier nochmals aufgewertet wird und den ganzen Geschmack der Sommeraromen aufsaugt. Das ist wie Ferien auf dem Teller.

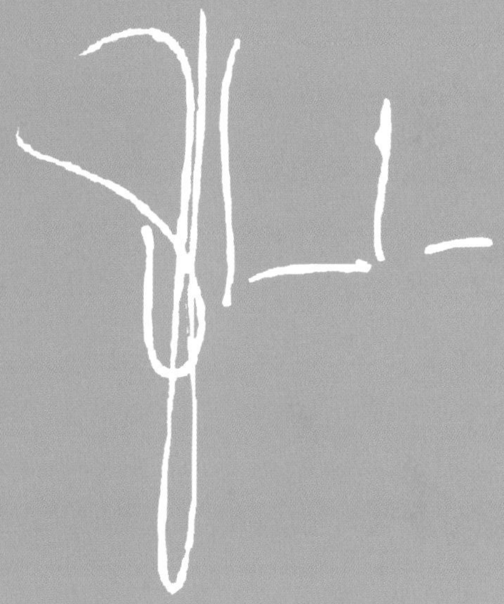

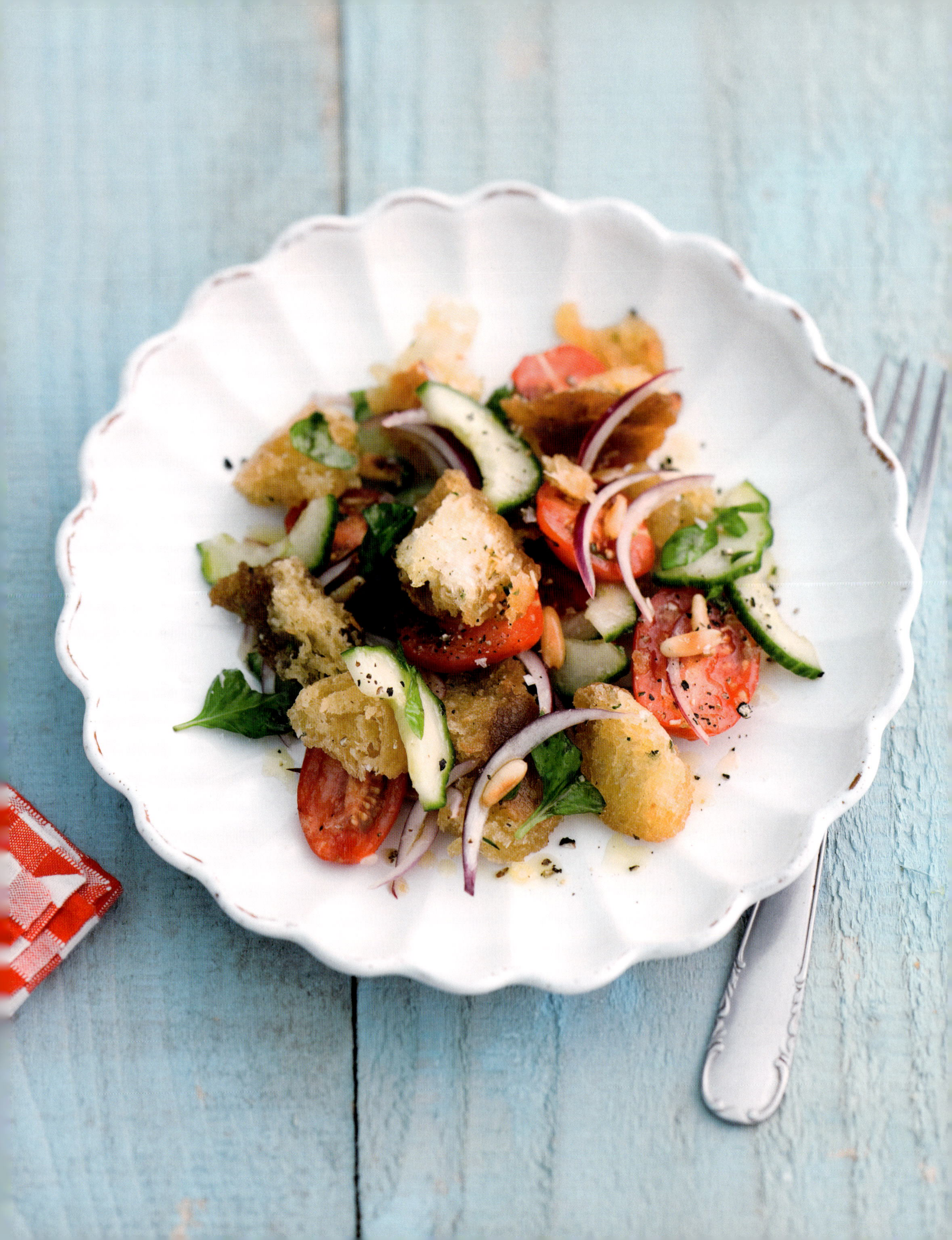

TOSKANISCHER BROTSALAT
FÜR 4 PERSONEN

Für den Brotsalat erst die Baguettewürfel mit der warmen Bouillon und Weissweinessig übergiessen und zugedeckt aufweichen lassen.

Salatgurke schälen, halbieren, entkernen und in Scheiben schneiden. Mit den restlichen Zutaten vermischen, mit Salz und Pfeffer würzen und mit Olivenöl und Balsamico abschmecken.

150 g Baguette, in Würfel geschnitten
150 ml Bouillon, warm
50 g Weissweinessig (ca. 50 ml)
1 kleine Salatgurke, geschält, halbiert, entkernt und in Scheiben geschnitten
2 rote Peperoni, in Streifen geschnitten
300 g kleine Datteltomaten, halbiert
3 Frühlingszwiebeln, in Scheiben geschnitten
etwas Knoblauch, fein gehackt
100 g Taggiasca-Oliven
16 Kapernäpfel, nach Belieben
1 Bund frisches Basilikum, gezupft
100 g italienische Petersilie, gezupft
Meersalz, Pfeffer
Olivenöl, Balsamico
geröstete Pinienkerne, nach Belieben
rote Zwiebelscheibchen, nach Belieben

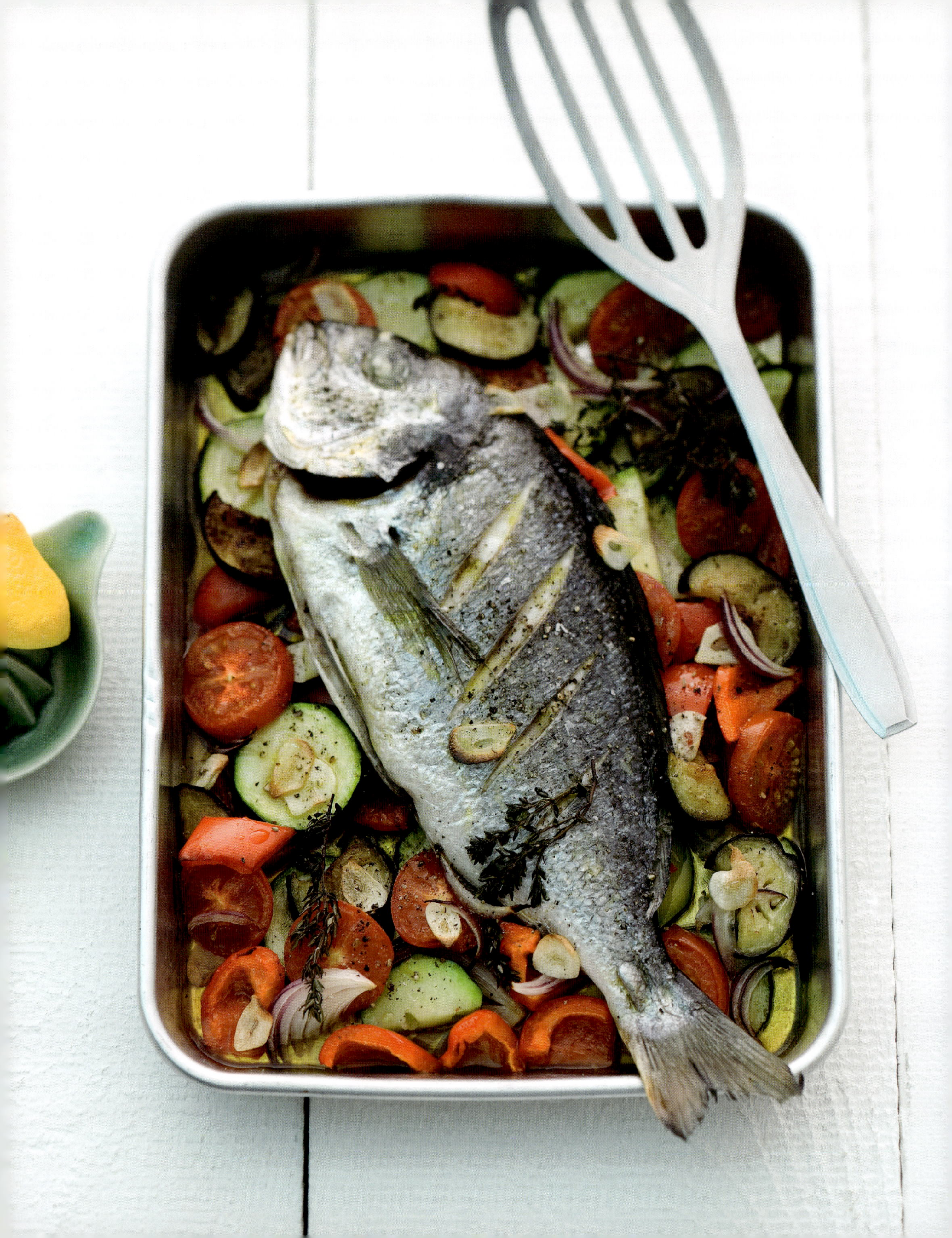

DORADE AUF RATATOUILLE-GEMÜSE
FÜR 4 PERSONEN

Den Ofen auf 160 °C vorheizen.

Peperoni, Schalotten, Zucchetti, Auberginen, Tomaten, Knoblauch und Thymian auf ein Backblech verteilen, mit Salz und Pfeffer würzen und mit Olivenöl beträufeln. Anschliessend die ganze und gewürzte Dorade auf das Gemüse legen und nochmals mit etwas Olivenöl beträufeln. Mit Alufolie bedecken und im vorgeheizten Ofen für etwa 30 Minuten garen.

1 Dorade (ca. 1 kg), geschuppt und ausgenommen
Salz, Pfeffer
1 sizilianischer roter Peperoni, in Würfel geschnitten
3 Schalotten, geschält und in Scheiben geschnitten
2 Zucchetti, in Scheiben geschnitten
1 Aubergine, in Scheiben geschnitten
5 Tomaten, in Scheiben geschnitten
2 Knoblauchzehen, geschält und in Scheiben geschnitten
frischer Thymian abgezupft
Olivenöl (Empfehlung: Olivenöl aus Ligurien)
Meersalz und Pfeffer aus der Mühle

CRÈME BRULÉE MIT KUMQUATS
FÜR 4 PERSONEN

Ofen auf 150 °C vorheizen.

Für die Crème brulée Vanillemark mit Rahm, Milch und Zucker vermischen. Die Eigelb dazugeben und kurz mit dem Stabmixer durchmixen, aber nicht aufschäumen! Die Masse anschliessend in Einmachgläser abfüllen, zudecken und im vorgeheizten Ofen im Wasserbad zirka 60 Minuten pochieren. Dabei darauf achten, dass das Wasser im Wasserbad nie kocht!

Die Einmachgläser aus dem Wasserbad nehmen, kurz auskühlen lassen, dann im Kühlschrank durchkühlen lassen.

Für das Kumquat-Kompott die Kumquats-Hälften mit dem Zucker, der Vanilleschote und Wasser für zirka 5 Minuten aufkochen lassen, kurz auskühlen lassen, dann im Kühlschrank durchkühlen.

Vor dem Servieren die Crème brulée mit Rohrzucker bestreuen und mit dem Bunsenbrenner karamellisieren. Mit Kumquats-Kompott und Minzespitzen ausgarnieren.

TIPP
Dieses Dessert kann problemlos einen Tag vorher zubereitet werden. So ist die Crème brulée gut ausgekühlt, und die Kumquats haben mehr Zeit, ihren Geschmack zu entfalten. Als spezielle Garnitur gebe ich neben etwas Schlagrahm auch etwas karamellisierte Haselnüsse auf die Crème brulée.

Für 6 flache Einmachgläser
von ca. 10 cm Durchmesser

1 Vanilleschote, ausgekratztes Mark
600 ml Rahm
200 g Milch
80 g Zucker
8 Eigelb
6 Kumquats, halbiert
50 g Zucker
100 ml Wasser
¼ Vanilleschote
50 g brauner Rohrzucker, zum Karamellisieren
4 Minzespitzen, zum Garnieren

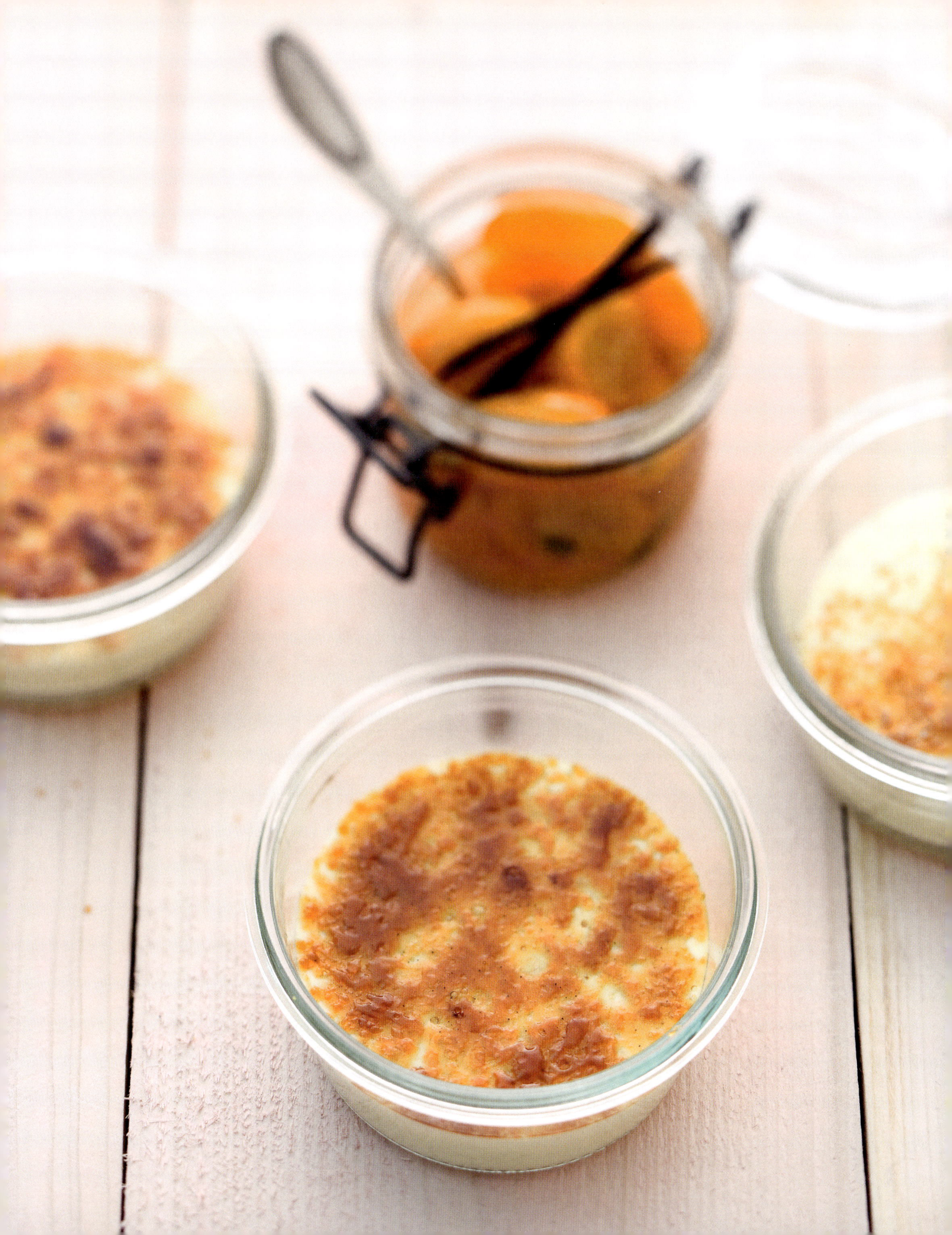

MARCUS G. LINDNER
RESTAURANT MESA
WEINBERGSTRASSE 75
8006 ZÜRICH
WWW.MESA-RESTAURANT.CH

WAS HABEN SIE ALS KIND SCHON GERNE GEKOCHT?
Das Blumenkohlsoufflé, das ich mit meiner Mutter gemacht habe. Da haben wir einen wunderbaren Blumenkohl al dente gekocht, ein Eiweiss aufgeschlagen, Eidotter und Mehl daruntergezogen und alles wie eine Haube über den Blumenkohl gegeben. Etwas Käse dazu, und alles wurde schön überbacken. Ein soufflierter Blumenkohl mit diesem „fluffigen" Überzug, das war herrlich.

WELCHE ERINNERUNGEN VERBINDEN SIE MIT DEM MARRONI-GUGELHUPF, VON DEM SIE UNS DAS REZEPT VERRATEN?
Den Gugelhupf gab es bei uns zu Hause immer. An einem Sonntag wurde der für die ganze Familie aufgetischt und mit einer Tasse Kaffee genossen. Es gibt doch nichts Schöneres an einem Sonntag als so ein Stück Marronigugelhupf.

IHR GULASCH IST EIN WÄHRSCHAFTES GERICHT MIT SCHWEINESCHULTER UND SAUERKRAUT. IHR LIEBSTER „COMFORT FOOD"?
Das ist ein Rezept, das man gerne isst, wenn es draussen kalt ist. Dann hab ich gerne etwas, das die Seele so richtig von innen wärmt. So ein Teller Gulasch tut der Seele einfach gut.

SIE SIND EIN SPITZENKOCH, MÖGEN ABER SEHR EINFACHE UND BODENSTÄNDIGE GERICHTE. WARUM IST IHNEN DAS WICHTIG?
Ich sage immer: Das Essen muss zum Anlass passen. Ich esse gerne eine Rösti mit Spiegelei oder einen Teller feine Spaghetti. Wenn es zum Moment passt, dann finde ich das sehr schön.

WAS KOCHEN SIE ZU HAUSE?
Ich koche mit meinem Sohn gerne Ravioli, Teigwaren oder Schupfnudeln. Ich glaube, ich könnte ihm das jeden Tag servieren, er mag das so gerne.

IHR MENU IM RESTAURANT HEISST „SYMPHONIE DER SINNE". WAS HEISST DAS GENAU?
Ich sage meinen Köchen immer: Kocht mit allen Sinnen! Also schaut, hört, riecht und fühlt, wenn ihr kocht. Da sag ich dann schon mal: „Schaut, wie sich das zu heiss angebratene Fleisch wölbt! Hört ihr nicht wie es fast schreit vor Schmerz?" Mit den Sinnen kochen, muss man lernen. Das hat viel mit Gefühl fürs Kochen und die Zutaten zu tun. Das ist unheimlich wichtig, dass man sich immer wieder daran erinnert, dass man diese Sinne hat und sie auch richtig einsetzt. Man soll nicht einfach nur kochen und nicht richtig in den Topf schauen, was da passiert. In dem Sinne koche ich nicht nur für, sondern eben auch mit den Sinnen.

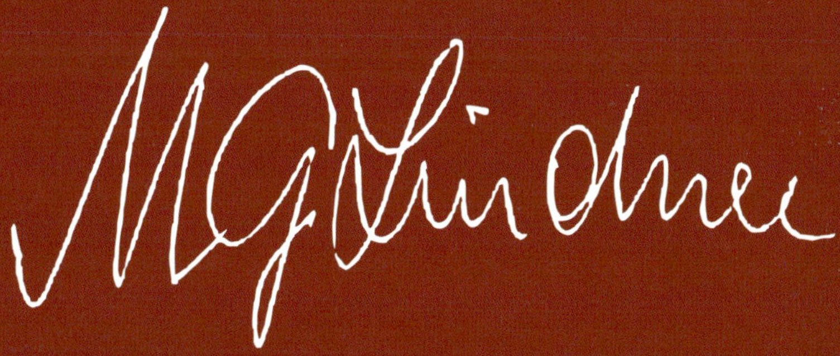

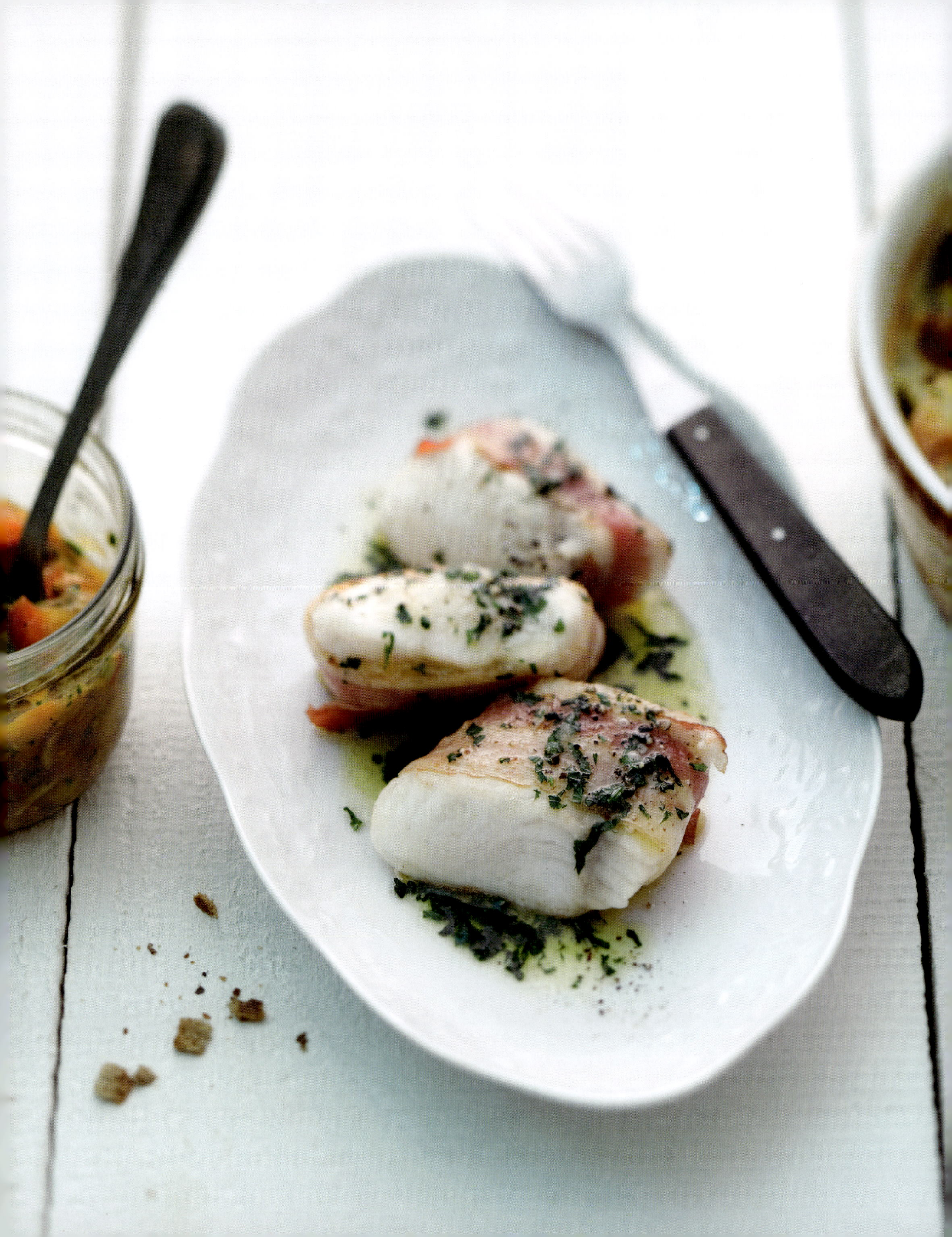

GEBRATENES WELSFILET MIT RHABARBER-CHUTNEY UND KARTOFFELGRATIN
FÜR 6 PERSONEN

Den Ofen auf 200 °C vorheizen und eine Gratinform ausbuttern.

Für den Gratin erst die Kartoffeln kochen, schälen und in zwei Millimeter dicke Scheiben schneiden. Rahm und Petersilie vermischen, einen Teil zu den Kartoffelscheiben geben und mit Salz, Pfeffer und Muskatnuss würzen. Die Scheiben in die Gratinform schichten, jede Schicht erneut mit Rahm begiessen.

Im Ofen für 8 bis 10 Minuten backen, die Oberfläche soll sich dabei leicht bräunen.

Die Welsfilets in 7 Zentimeter lange Stücke schneiden, mit dem Frühstückspeck umwickeln und mit Salz und Pfeffer würzen. Die Butter in einer Bratpfanne schmelzen und die Welsfilets zwei Minuten darin anbraten, dann Petersilie zugeben und für weitere zwei Minuten fertig braten.

Für das Chutney den Apfelessig mit der Zimtstange aufkochen, die Rhabarber- und Apfelstücke dazugeben, alle anderen Zutaten ausser die Petersilie einrühren, leicht köcheln lassen, bis die Masse etwas eingedickt hat. Zum Schluss die Petersilie dazugeben und für weitere 2 Minuten mitkochen. Alles mit Salz und Pfeffer kräftig abschmecken und auskühlen lassen.

Zum Anrichten die Welsfilets mit dem Gratin auf einem Teller anrichten und Rhabarber-Chutney dazu servieren.

600 g Kartoffeln
20 g Butter, für die Form
360 ml Rahm
12 g Petersilie gehackt
Salz, Pfeffer, Muskat
600 g Welsfilets
35 g Butter
20 g Frühstückspeck
15 g Petersilie gehackt

FÜR DAS CHUTNEY
150 ml Apfelessig
1 cm Zimtstange
3 g Salz
120 g Apfel-Würfel (Golden Delicious)
50 g Rhabarber-Würfel
100 g Frühlingszwiebel, gehackt
85 g brauner Zucker
10 g Ingwerwurzel, gerieben
1 Knoblauchzehe, zerdrückt
8 g Kurkuma-Pulver
1 Nelke
5 g Senfkörner
2 g Peperoni, gehackt
12 ml Sonnenblumenöl
5 g glatte Petersilie, gehackt
Salz, Pfeffer aus der Mühle

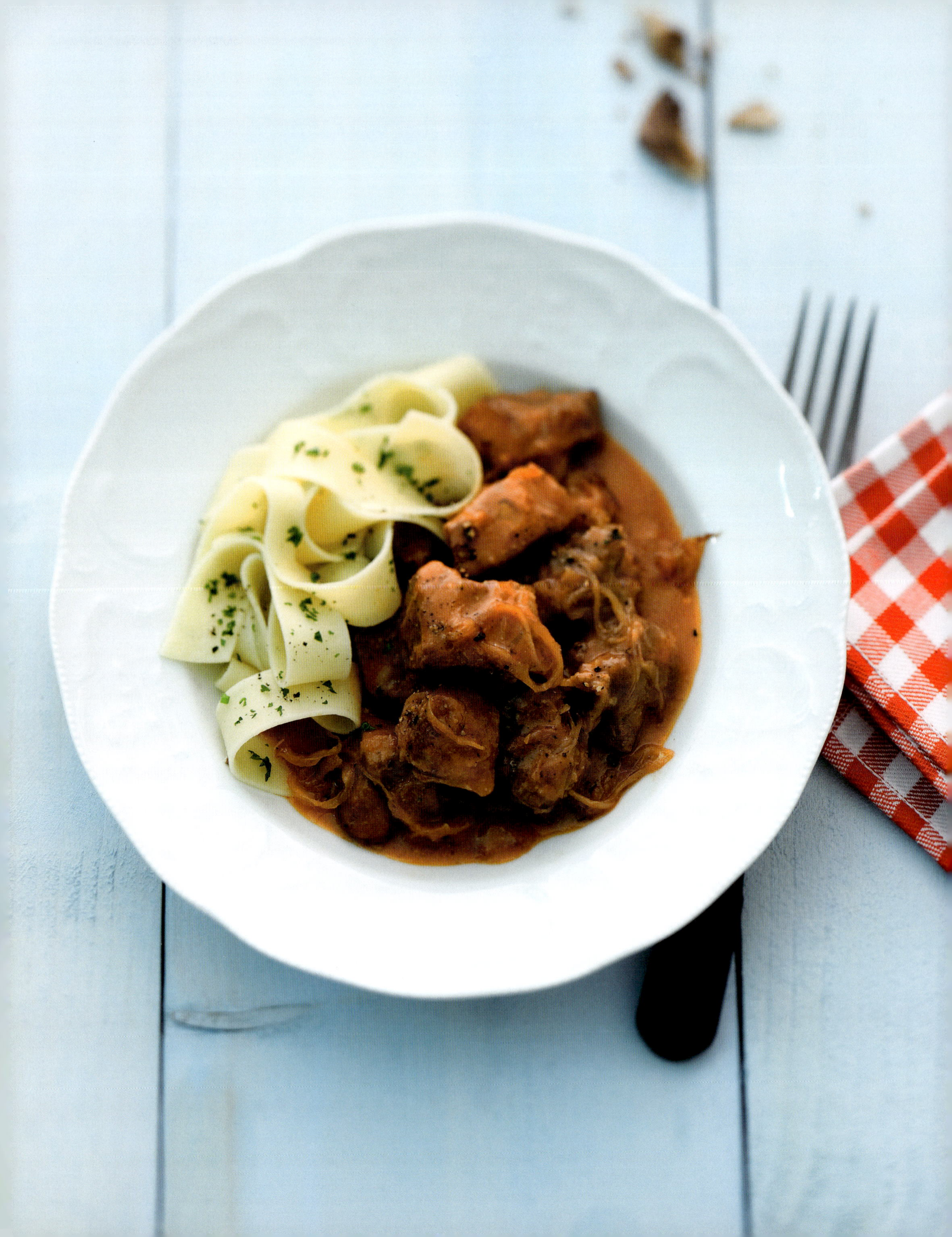

SZEGEDINER GULASCH
FÜR 8–10 PERSONEN

Für das Gulasch erst Zwiebel und Paprika in einem grossen Topf in Schweineschmalz anschwitzen. Dieses dann an den Rand des Topfes schieben, in der Mitte das Fleisch anbraten. Nun Paprikapulver und Tomatenpüree dazugeben und kurz anrösten. Jetzt mit dem Rotweinessig ablöschen und mit der Rindersuppe aufgiessen. Nun die Gewürze hinzugeben und zugedeckt zirka eine Stunde leicht köcheln lassen. Das Fleisch herausnehmen und den Saft im Thermomixer zu einer cremigen Sauce pürieren, mit dem Fleisch zurück in den Topf geben. Dann das Sauerkraut beifügen und weitere 30 Minuten garen.

Zum Schluss das Gulasch mit der Crème fraîche verfeinern.

500 g Zwiebeln, in Streifen geschnitten
1 Stück roter Paprika, fein geschnitten
80 g Schweineschmalz
1600 g Schweineschulter, in Würfel geschnitten
3 EL Rotweinessig
60 g Paprikapulver (edelsüss)
4 EL Tomatenpüree
2 l leichte Rindersuppe oder -Bouillon
1 kg Sauerkraut
150 g Crème fraîche
Salz, gehackter Kümmel, Knoblauchzehe, Lorbeerblatt, Zitronenschale

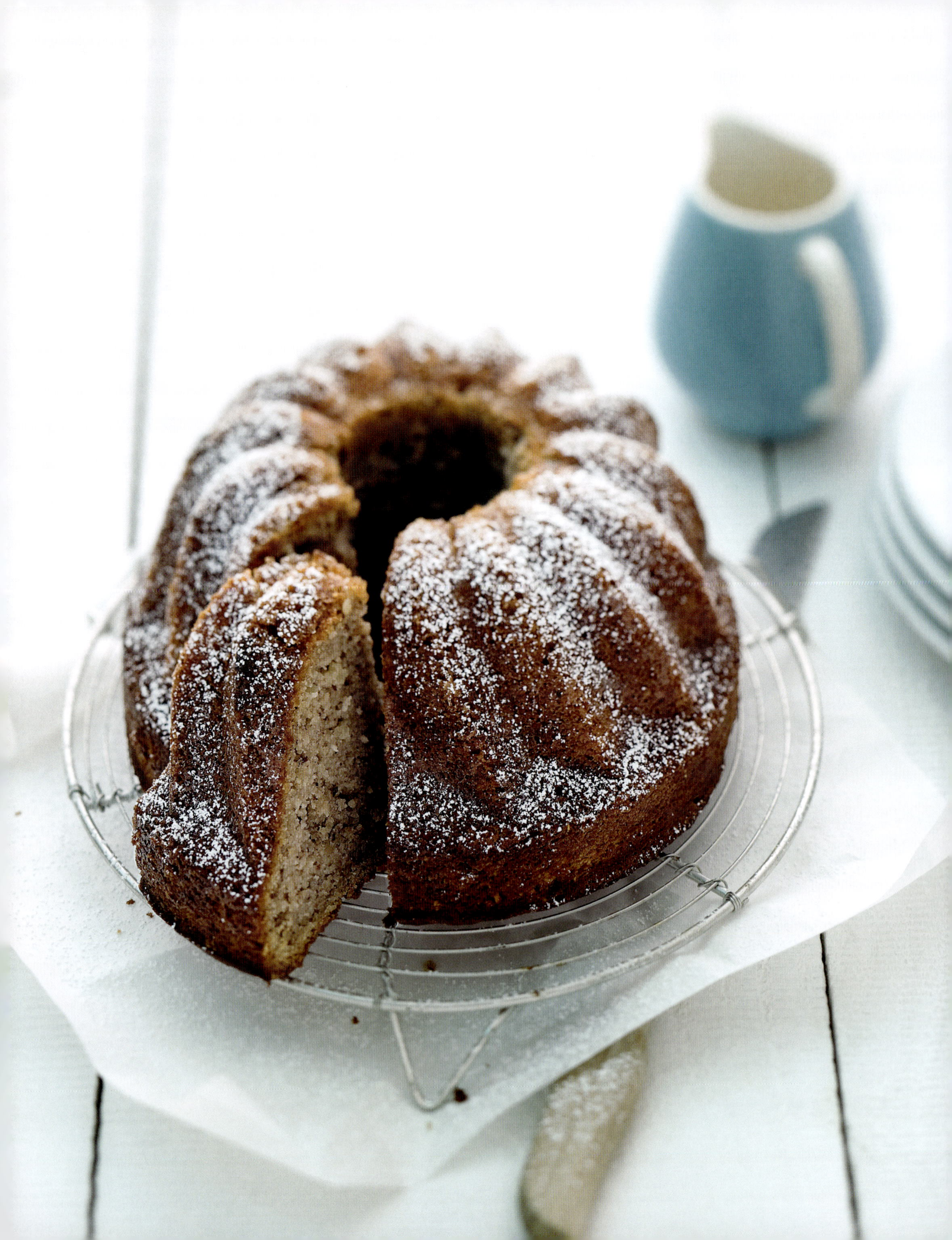

MARRONIGUGELHUPF
FÜR 4 PERSONEN

Den Ofen auf 180 °C vorheizen.

Eine Gugelhupfform etwas ausbuttern.

Die weiche Butter mit dem Puderzucker schaumig schlagen. Die Eigelbe nach und nach dazugeben und weiterschlagen. Das Marronipüree zur schaumig geschlagenen Masse geben. Dann die Haselnüsse mit den Mandeln vermischen und mit dem Rum und dem Kirsch unterheben.

Zum Schluss die 12 Eiweisse steif schlagen und vorsichtig unter die Masse heben. Masse in die vorbereitete Gugelhupfform geben und im vorgeheizten Ofen bei 180 °C zirka 40 bis 45 Minuten backen.

320 g Butter, Raumtemperatur
320 g Puderzucker
12 Eier, getrennt
500 g Marronipüree
150 g Haselnüsse, gemahlen
150 g Mandeln, gemahlen
etwas Rum und Kirsch

RICO ZANDONELLA
RESTAURANT RICO'S KUNSTSTUBEN
SEESTRASSE 160
8700 KÜSNACHT
WWW.KUNSTSTUBEN.COM

WAS HABEN SIE ALS KIND AM LIEBSTEN GEGESSEN?
Bei uns gab es nicht jeden Tag Fleisch, darum war das Poulet oder die ganze Ente, die meine Mutter am Sonntag aus dem Ofen zauberte, ein richtiges Festessen für uns! Sie hat zum Fleisch lediglich etwas Zwiebeln angedünstet, und in der Küche hat alles nach feinem Geflügelfond geduftet. Noch heute ist das für mich ein herrlicher Duft!

WAS KOCHEN SIE SICH, WENN IHR KÖRPER EINEN ENERGIE-KICK BRAUCHT?
Ich mache viel Sport, da ist mir eine gesunde Ernährung sehr wichtig. In solchen Momenten bereite ich mir aus Salatblättern oder Gemüse einen einfachen Salat zu und garniere ihn mit etwas Parmaschinken. Das gibt mir auf die Schnelle wieder Kraft.

WAS INSPIRIERT SIE BEIM KOCHEN?
Farben inspirieren und leiten mich beim Kochen sehr. Sie machen einfach fröhlich! Ich würde zum Beispiel nie einen Teller nur in Braun anrichten, das sieht ja schon wie tot aus! Ausserdem braucht man immer einen farblichen Kontrast im Gericht. Bevor ich meine neue Speisekarte drucke, zeichne ich jeden Teller. So sehe ich sofort, ob noch eine Farbe oder eine Zutat fehlt, bis der Teller vollkommen ist. Natürlich muss dabei auch der Geschmack hundertprozentig stimmen, Geschmack und Farbe müssen auf dem Teller perfekt harmonieren. Am Schluss muss der Gast sagen: „Wow – da macht nur schon das Anschauen Freude."

WELCHES IST DIE EINFACHSTE, ABER UNIVERSELLSTE ZUTAT IN DER KÜCHE?
Ohne Salz und Pfeffer entfaltet sich bei keinem Gericht der Geschmack. Darum sind die beiden für mich die wichtigsten Zutaten in der Küche. Je nach Gericht darf es auch ein spezielles Salz, zum Beispiel ein Vanillesalz, sein.

WAS STEHT IMMER IN IHREM KÜHLSCHRANK?
Milchprodukte! – Frische Milch, feiner Joghurt für den kleinen Hunger bevor ich ins Bett gehe. Milchprodukte sind meine «Bettmümpfeli».

WARUM MACHT KOCHEN GLÜCKLICH?
Kochen ist ein Instinkt, den man hat oder nicht. Für mich persönlich ist es jeden Tag eine grosse Freude, die frischen Produkte einzukaufen und sie so zu verarbeiten, dass sie immer noch ihre ursprüngliche Form und ihren eigenen Geschmack behalten. Solange uns die Erde so grossartige Produkte gibt, ist es mir eine Ehre, sie zu verarbeiten und schöne Gerichte daraus zu kreieren.

WAS HAT SIE BEWEGT, BEI DIESEM PROJEKT MITZUMACHEN?
Die Initiantin Tanja Grandits ist eine ganz tolle Person. Ich mag ihre Art, wie sie mit Menschen umgeht. Ausserdem ist sie eine ausserordentliche Köchin. Ich habe darum nicht gezögert, als sie mich für dieses Projekt angefragt hat. Nur zu gerne möchte ich ihr dabei helfen, dass Kinder in Afrika eine bessere Zukunft erhalten.

Rico Jaudanella (signature)

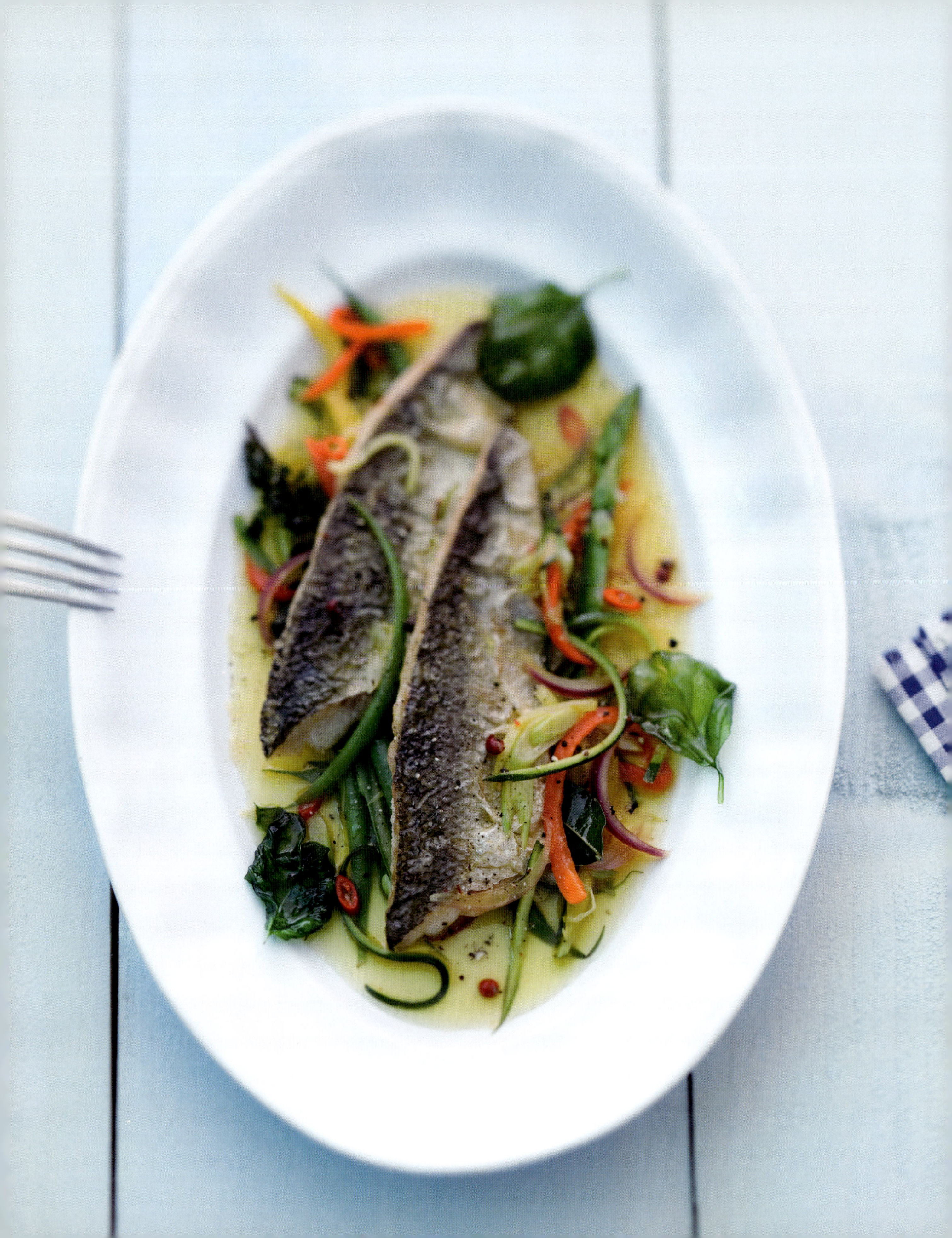

EGLIFILETS MIT JUNGEM GEMÜSE
FÜR 4 PERSONEN

Für das Gemüse Peperoni, Stangensellerie und Zucchetti in feine Streifen schneiden. Alle Gemüse in Öl kurz dünsten und mit dem Gemüsefond ablöschen. Alle Zutaten bis und mit Schalottenessig beigeben, mit Salz und Pfeffer würzen. Zirka 5 Minuten bei kleiner Hitze ziehen lassen, Marinade nach Bedarf abschmecken.

Für den Fisch die Eglifilets mit Salz und Pfeffer würzen und mit Mehl bestäuben. Öl in einer Bratpfanne erhitzen und die Filets auf der Hautseite anbraten. Fisch ziehen lassen, aber nicht wenden! Wenn sich die Eglifilets beim Braten wölben, mit einer Pfanne beschweren und flach drücken. So wird der Fisch gut durchgebraten.

Eglifilets in eine Schüssel legen und mit dem warmen Gemüse und der Marinade bedecken. Mindestens 12 Stunden ziehen lassen.

Zum Anrichten die Basilikumblätter in wenig Öl frittieren. Das Gemüse mit der Marinade auf grosse flache Teller verteilen. Eglifilets darauf anrichten und mit Basilikum garnieren.

FÜR DAS GEMÜSE
**400 g Gemüse
(geschälte rote und gelbe Peperoni, Stangensellerie, Zucchetti, feine Bohnen, Frühlingslauch, Wildspargel usw.)
100 ml Olivenöl
200–300 ml kräftiger Gemüsefond
1 Msp. Safranfäden
1 TL rosa Pfefferkörner
1 kleiner Zweig Thymian
1 Msp. Knoblauch, gehackt
1 Lorbeerblatt
½ frische Chilischote, entkernt
ca. 2 EL Schalottenessig
Salz und Pfeffer**

FÜR DEN FISCH
**12 Eglifilets mit Haut
Salz und Pfeffer
Mehl, zum Bestäuben
Öl zum Braten**

FÜR DIE GARNITUR
4 Basilikumblätter

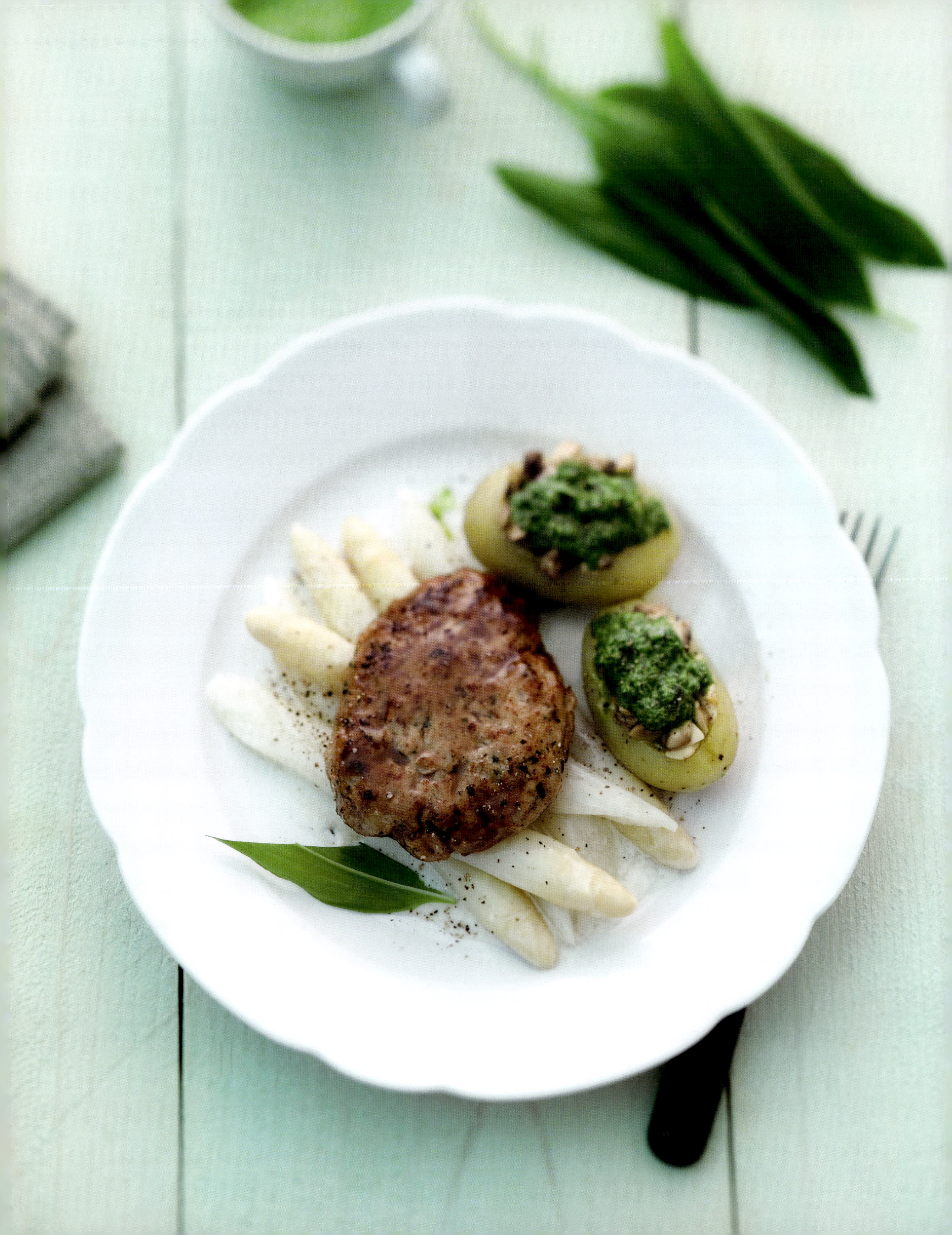

EMMENTALER KALBFLEISCHPOJARSKI MIT WEISSEM SPARGEL UND BÄRLAUCHBUTTER-KARTOFFELN
FÜR 4 PERSONEN

Für das Pojarski das Fleisch durch die mittlere Scheibe des Fleischwolfs drehen. Die Zwiebel in feine Scheiben schneiden und in der Öl-Butter-Mischung bei mittlerer Hitze blond dünsten. Das Brot in einem Teller mit dem Rahm übergiessen, einen weiteren Teller direkt aufs Brot stellen und kurz stehen lassen. Das Fleisch mit den Zwiebelscheiben und dem leicht ausgedrückten Brot nochmals durch die mittlere Scheibe des Fleischwolfs drehen, dann im Kühlschrank 30 Minuten durchkühlen lassen.

Das Ei, Petersilie, Salz, Pfeffer und Cayennepfeffer zum Hackfleisch geben und gut mischen. Aus der Masse 4 Koteletts formen. In einer beschichteten Bratpfanne mit wenig Butter langsam knusprig braten.

Für die Bärlauchkartoffeln die Kartoffeln in der Schale weich kochen, schälen und aushöhlen. Die Champignons in kleine Würfel schneiden. In Olivenöl blond anbraten, mit Salz und Pfeffer würzen und einem Spritzer Weisswein ablöschen. Weiter braten, bis die Flüssigkeit vollständig eingekocht ist.

Für die Bärlauchbutter Petersilienblätter, Bärlauch und Basilikum fein schneiden und zusammen mit Knoblauch und Butter im Mixer pürieren. Mit einem Tropfen Worcestershire-Sauce, Zitronensaft, Salz, Pfeffer und Cayennepfeffer abschmecken.

Die Champignonwürfel in die ausgehöhlten Kartoffeln füllen. Je einen Teelöffel Bärlauchbutter darauf setzen und im Ofen unter dem Grill schmelzen lassen.

Für den Spargel die Spargelstangen schälen, den unteren Teil grosszügig abschneiden. Aus den Spargelabschnitten (ohne Schale) einen Fond zubereiten: Dazu die Abschnitte klein schneiden, in etwas Butter mit einer Prise Zucker andünsten und so viel Wasser dazugiessen, dass die Spargelstücke gerade bedeckt sind. Bei kleiner Hitze zugedeckt weich schmoren. Den Fond abgiessen, Spargel dabei gut ausdrücken. Spargelfond mit dem Rahm aufkochen und zu einer leicht sämigen Konsistenz einköcheln. Mit Salz und Pfeffer abschmecken und durch ein Sieb passieren.

Vor dem Anrichten den Spargel in Salzwasser mit Zucker und etwas Butter weich garen. Die Sauce mit dem Stabmixer schaumig mixen.

Zum Anrichten Pojarski mit dem Spargel und gefüllten Kartoffeln anrichten, aufgeschäumte Sauce angiessen und mit einem Bärlauchblatt dekorieren.

FÜR DAS POJARSKI
400 g mageres Kalbfleisch (oder Pouletbrust)
1 Zwiebel
Erdnussöl und Butter, zum Dünsten
2 Scheiben Toastbrot (ohne Rinde)
50 ml Rahm
1 Ei
1 EL gehackte glatte Petersilie
Salz, Pfeffer aus der Mühle
1 Prise Cayennepfeffer
eingesottene Butter zum Braten

FÜR DIE KARTOFFELN
8 neue Kartoffeln von gleicher Grösse
8 Champignonköpfe
1 EL Olivenöl
Salz, Pfeffer, Cayennepfeffer
etwas Weisswein
3 Zweige glatte Petersilie
4 Bärlauchblätter
2 Basilikumblätter
1 kleine Msp. Knoblauch, gehackt
80 g Butter, Raumtemperatur
Worcestershire-Sauce
etwas Zitronensaft

FÜR DEN SPARGEL
16 weisse Spargelstangen
wenig Butter
2 Prisen Zucker
100 ml Rahm
Salz, weisser Pfeffer

FÜR DIE GARNITUR
4 Bärlauchblätter

TIPP
Noch spezieller wird dieses Gericht, wenn dazu ein Spiegelei aus Wachteleiern serviert wird. Das Fleisch kann ebenfalls mit einem halben Deziliter Kalbsjus (der mit etwas Noilly Prat und weissem Porto abgeschmeckt wurde) überzogen werden.

APFELTRAUM
FÜR 4 PERSONEN

Ofen auf 200 °C vorheizen.

Erst den Teig herstellen. Dazu Eigelb mit dem Zucker und einer Prise Salz schaumig schlagen. Den Kaffeerahm beifügen und das gesiebte Mehl untermischen. Das Eiweiss steif schlagen und vorsichtig unter die Masse ziehen.

Die Äpfel schälen, vierteln und entkernen. In zirka 3 Millimeter dicke Schnitze schneiden. Die Apfelscheiben in 20 g Butter mit 20 g Zucker saftig dünsten, bis sie halb gar sind. In einer beschichteten Bratpfanne von zirka 20 cm Durchmesser den restlichen Zucker hellbraun karamellisieren, sofort die restliche Butter beifügen und Pfanne vom Herd nehmen. Die Apfelscheiben dicht aneinander auf das Karamell setzen und mit dem Teig bedecken.

In der Mitte des vorgeheizten Ofens zirka 10 Minuten goldbraun backen.

Zum Anrichten den Kuchen noch heiss auf eine Platte stürzen.

4 Eigelb
100 g Zucker
1 Prise Salz
120 ml Kaffeerahm
100 g Mehl, gesiebt
4 Eiweiss
6 Äpfel (Golden Delicious oder Glockenäpfel)
70 g Butter
100 g Zucker

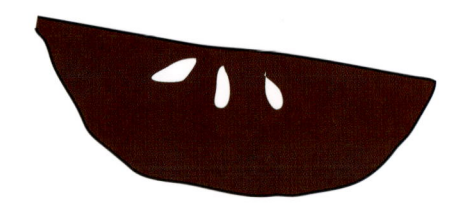

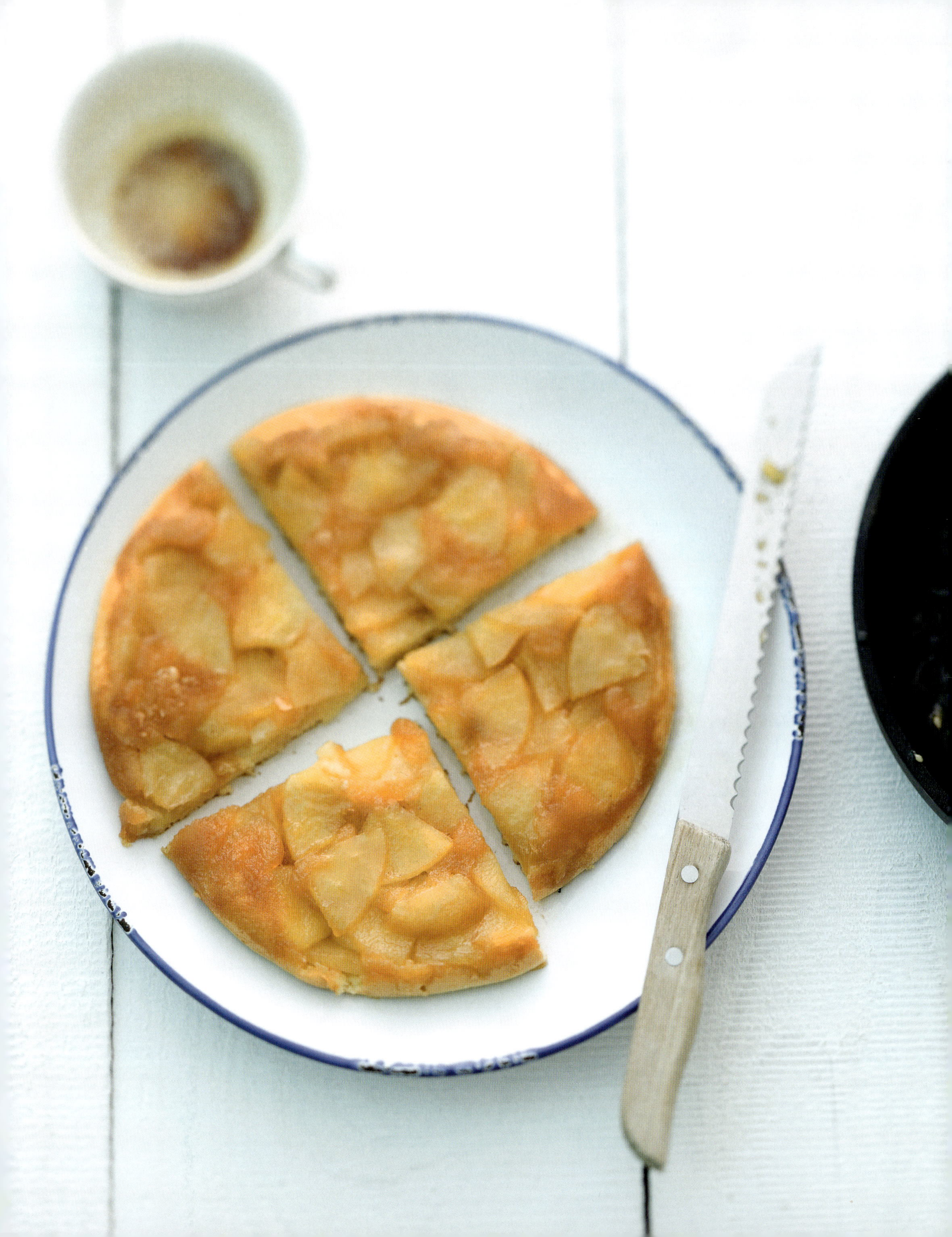

WALTER KLOSE
GASTHAUS ZUM GUPF
9038 REHETOBEL
WWW.GUPF.CH

SIE KOCHEN IM GUPF INMITTEN EINER WUNDERBAREN NATURKULISSE. WIE WICHTIG IST DAS FÜRS KOCHEN?
Das ist traumhaft! Ich habe freie Sicht aufs „Meer", unseren Bodensee. Ich sehe bis nach Deutschland, runter in den Thurgau. Wir sind hier also auf einem majestätischen Hügel und haben freie Rundsicht. Ausserdem sehe ich von meiner Küche aus unsere „Säuli", die Geissen, die Kälber, ich sehe wie das Wetter kommt und geht. Und ich habe freien Blick auf unzählige Kräuter und Pflanzen: Sauerampfer, Holunder, Thymian ... Natürlich inspiriert einen das automatisch in der Küche; und ich verwende alles in meinen Gerichten.

WO FINDEN SIE ERHOLUNG VOM KOCHEN?
Ich habe drei wunderbare Kinder, die geben mir sehr viel Kraft. Sie geben mir zusammen mit meiner Frau Geborgenheit und das Gefühl, dass ich bei ihnen gebraucht werde – aber sie sind auch immer für mich da, das ist ganz wichtig für mich. Und ich spiele gerne Golf. Sobald ich den Golfschläger in der Hand habe, kann ich total abschalten, den ganzen Stress vergessen. Es ist quasi der einzige Moment, den ich nur für mich alleine habe. Und das ist mein wunderbarer Kraftpool. Und es ist wichtig, dass jeder Mensch so einen Kraftpool hat, der gibt einem wieder Power für den Alltag.

WER KOCHT GEWINNT! WAS GENAU?
Für mich ist das Kochen eine grosse Leidenschaft. Ich bin Bayer und in meiner Karriere viel gereist, aber erst die Schweiz hat mich richtig weiter gebracht in meiner Arbeit; hier bin ich für mich angekommen. Es ist natürlich auch eine Bestätigung: Wer etwas Schönes kochen kann, der bekommt ein gutes Feedback, und das gibt mir automatisch wieder Aufschwung für den neuen Tag und spornt mich an zu Neuem. Das alles ist schlussendlich eine grosse Bereicherung für mein Leben.

SIE SERVIEREN UNS ZUM DESSERT GRATINIERTE FRÜCHTE. EIN HERRLICHES, ABER GANZ EINFACHES GERICHT. WARUM IST MANCHMAL DAS EINFACHSTE DAS BESTE?
Ich sage immer: „Weniger ist mehr." Das ist immer meine Philosophie in der Küche. Wer weniger auf den Teller setzt, der verfälscht die Produkte auch nicht. Wir brauchen nur einen Star auf dem Teller: die Beeren, die wir in eine luftige Hülle packen. Traumhaft, oder?

Walk Close

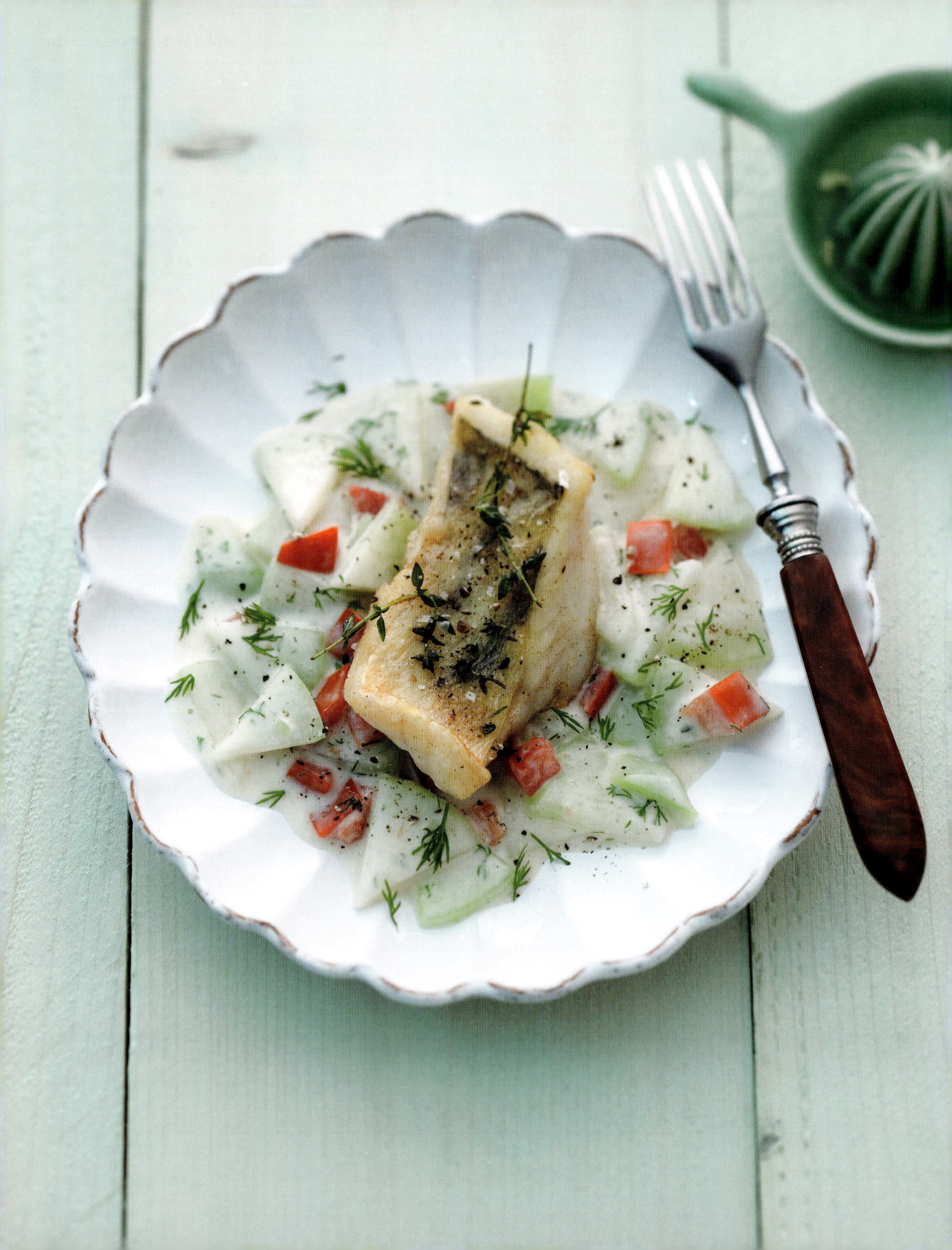

BODENSEEZANDER AUF RAHMKOHLRABI
FÜR 4 PERSONEN

Die Tomaten blanchieren, schälen, entkernen und in Würfelchen schneiden.

Die Kohlrabi schälen und in dünne Streifen schneiden. In Salzwasser weich kochen und in kaltem Wasser abschrecken. 125 Milliliter vom Kohlrabifond mit dem Rahm aufkochen und mit Salz und Pfeffer abschmecken, Sauce mit etwas Butter abbinden und Kohlrabistreifen dazugeben. Die Tomatenwürfel, gehackter Dill und nach Belieben geschlagenen Rahm dazugeben.

Zanderfilets würzen und auf der Hautseite anbraten. Die Knoblauchzehe und den Thymianzweig dazugeben. Kalte Butter in die Pfanne geben und den Fisch ständig damit überziehen. Den Fisch gerade nur solange braten, bis er innen noch glasig ist.

Zum Anrichten den Rahmkohlrabi in der Mitte des Tellers anrichten und den Fisch daraufgeben. Sofort servieren.

4 Stück Zanderfilet mit Haut, je ca. 80 g
1 Thymianzweig
1 Knoblauchzehe
2 Stück Kohlrabi
250 ml Rahm
Salz, Pfeffer
50 g Butter, zum Abbinden und Überziehen
2 Tomaten
frischer Dill, gehackt
etwas geschlagenen Rahm, nach Belieben

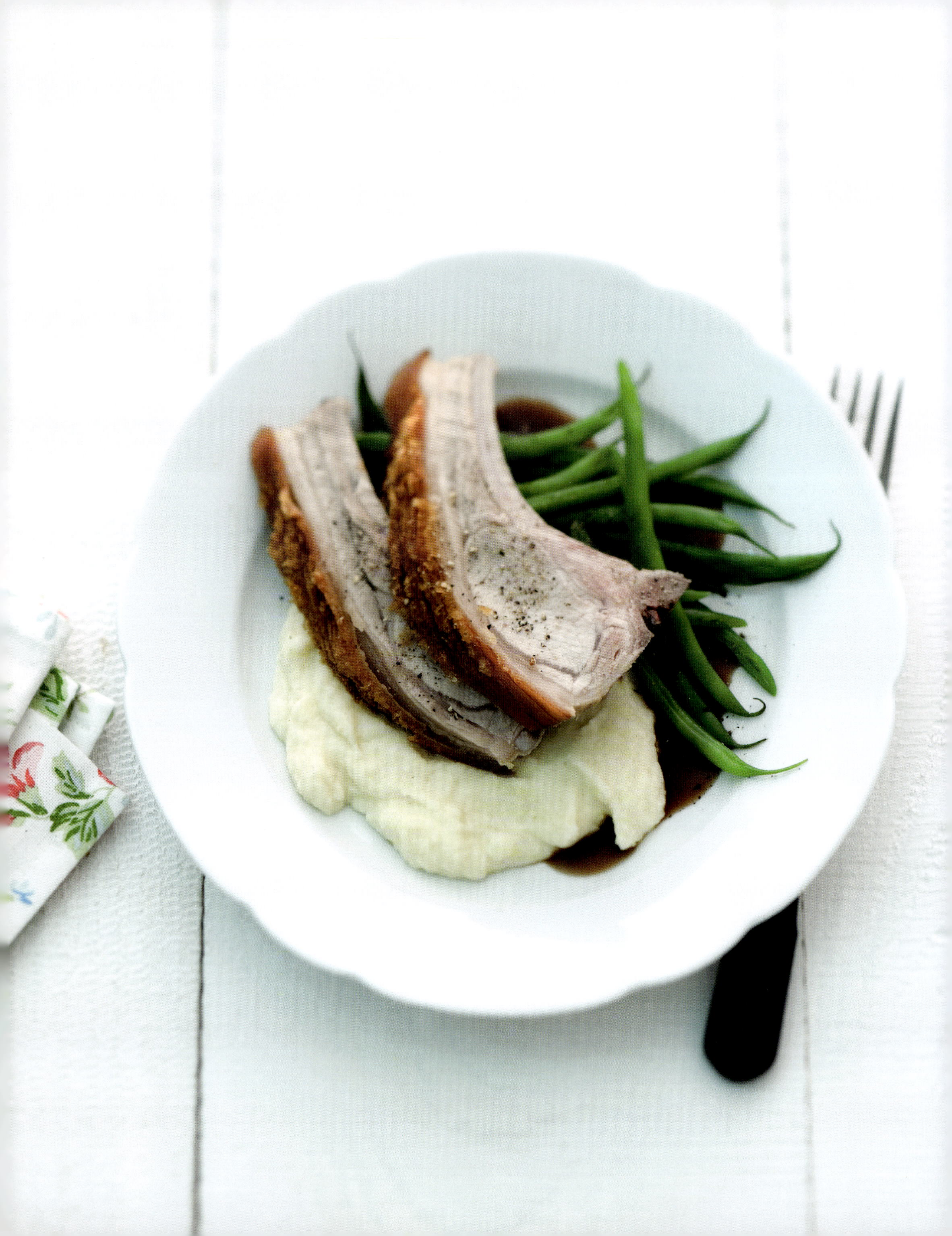

GUPF-SPANFERKEL MIT SELLERIEPÜREE UND BOHNEN
FÜR 4 PERSONEN

Den Ofen auf 180 °C vorheizen. Das Spanferkel gut mit den Gewürzen einreiben und auf der Hautseite im Bratfett gut anbraten. Umdrehen und im Ofen 40 bis 45 Minuten schmoren. Dabei immer wieder etwas Wasser oder Gemüsebrühe dazugeben.

Zum Schluss für eine Bratensauce den Kalbsjus dazugeben. Mit Salz und Pfeffer würzen.

Die Bohnen in Salzwasser weich kochen und im Eiswasser abschrecken, in etwas Butter anschwenken und das Bohnenkraut dazugeben.

Für das Selleriepüree die Selleriewürfel mit der Schalotte in etwas Butter anschwitzen, Rahm beigeben und Sellerie darin weich kochen. Abschmecken und zu einem Püree mixen. Vor dem Servieren nach Belieben etwas geschlagenen Rahm unterheben.

Zum Servieren das Spanferkel aufschneiden, auf etwas Selleriepüree und Bohnen anrichten, etwas Bratensauce dazugiessen.

1 kg Spanferkel
(Schulter, Rücken, Bauch), zerlegt
Salz, Pfeffer, etwas Paprika, etwas Kümmel, etwas Thymian
etwas Bratfett
Wasser oder Gemüsebrühe, nach Belieben
2–3 EL Kalbsjus

FÜR DIE BOHNEN
300 g Bohnen
Salz, Pfeffer
etwas Butter
Bohnenkraut, gehackt

FÜR DAS SELLERIEPÜREE
500 g Selleriewürfel, ohne Schale
1 Schalotte, gewürfelt
etwas Butter
ca. 300 ml Rahm, nach Bedarf
Salz, Pfeffer
etwas geschlagenen Rahm, nach Belieben

GRATINIERTE FRÜCHTE
FÜR 4 PERSONEN

Den Ofen auf 200 °C vorheizen.

Die Eigelbe mit dem Zucker zirka 5 Minuten aufschlagen bis eine luftige, weisse Masse entsteht. Den geschlagenen Rahm unterheben.

Masse in 4 ofenfeste Förmchen oder tiefe Teller geben und mit den Früchten belegen. Im vorgeheizten Ofen kurz gratinieren. Vor dem Servieren mit etwas Puderzucker bestäuben.

Nach Belieben mit einer Nocke Eiscreme servieren.

3 Eigelb
50 g Zucker
50 ml Rahm, geschlagen
500 g Saisonfrüchte und Beeren
etwas Puderzucker
Eiscreme, nach Belieben

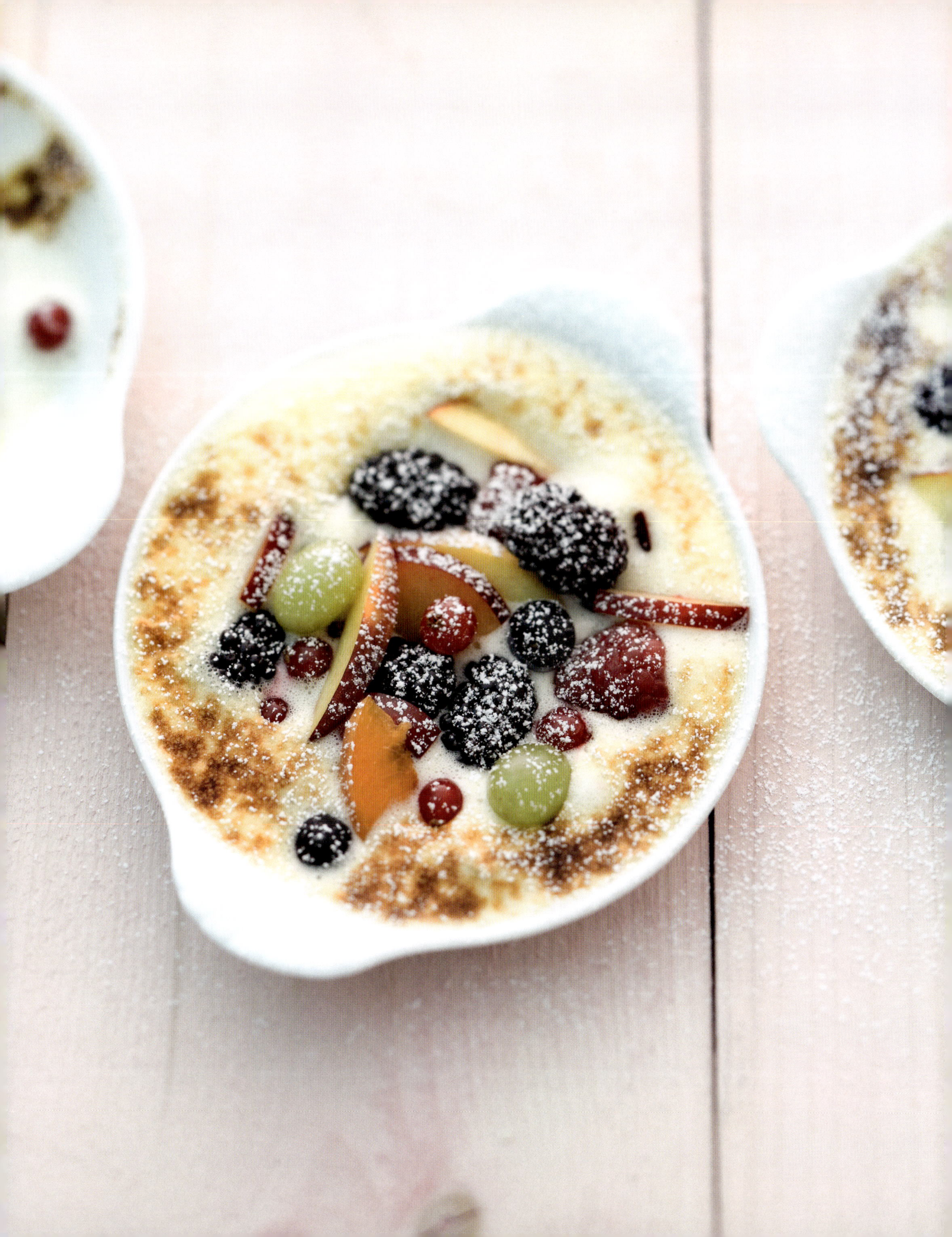

MARTIN DALSASS
TALVO BY DALSASS
VIA GUNELS 15
7512 ST. MORITZ-CHAMPFÈR
WWW.TALVO.CH

WAS HABEN SIE ALS KIND AM LIEBSTEN GEGESSEN?
Ich habe alles am liebsten gegessen. Wenn es zum Mittagessen Zunge mit einer Salsa Verde gab, dann war das für mich wie der Himmel auf Erden. Mein Vater war Lastwagenfahrer und kam abends immer später nach Hause als wir Kinder. Da hat er natürlich auch später gegessen. Ich hätte dann bei ihm am liebsten immer nochmals mitgegessen! Ich habe immer alles probiert und auch alles immer gerne gehabt.

IHRE GROSSE LEIDENSCHAFT IST DAS OLIVENÖL. WIE WURDE DIESE GEWECKT?
Bevor ich vor 25 Jahren ins Tessin gekommen bin, habe ich nur mit Butter gekocht. Ich wurde zu einer Olivenöl-Degustation eingeladen, und dann hat es mich sofort gepackt. Ich bin fasziniert von der Leichtigkeit des Olivenöls. Es ist schön, wenn die Leute sagen: „Das Essen war so leicht und gut." Ich merke das sofort: Wenn es viel Butter im Essen hat, dann kann ich nicht schlafen. Beim Olivenöl ist das anders, es macht alles leichter und veredelt die Aromen. Und dann kann ich immer gut schlafen.

WORAN ERKENNT MAN EIN GUTES OLIVENÖL?
Daran, dass es nach Banane riecht. Das bedeutet nämlich, dass die Oliven sehr sauber waren, als sie verarbeitet wurden.

SIE VERRATEN IN IHREM SPARGELREZEPT EINEN RAFFINIERTEN KÜCHENTRICK!
Genau, eine Scheibe Weissbrot mit ins Wasser, die Hefe im Brot nimmt die Bitterstoffe aus dem Gemüse. Früher hat man das beim Blumenkohl ebenfalls gemacht – ein einfacher Trick mit grosser Wirkung.

WARUM SIND SIE KOCH GEWORDEN?
Das war Zufall. Ich wollte eigentlich Fliesenleger oder Marmorist werden, mein Lehrmeister war damals aber erkrankt, und aus der Lehre wurde nichts. Meine Eltern haben mir dann zwei Paar Kochhosen gekauft und einen Sommerjob als Koch organisiert. Ich wollte das zwar gar nicht, aber konnte doch nicht nach Hause und sagen: „Ich will kein Koch werden." Was hätten wir nur mit den teuren Kochhosen gemacht? – Also blieb ich, durfte nach und nach auch an den Herd, und plötzlich hat es mich gepackt. Heute ist Kochen meine grosse Leidenschaft.

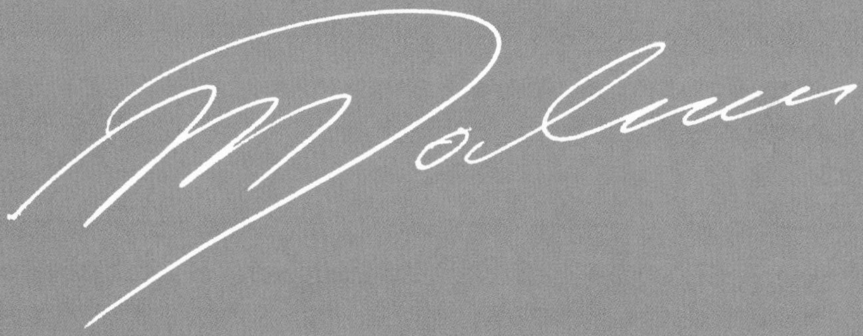

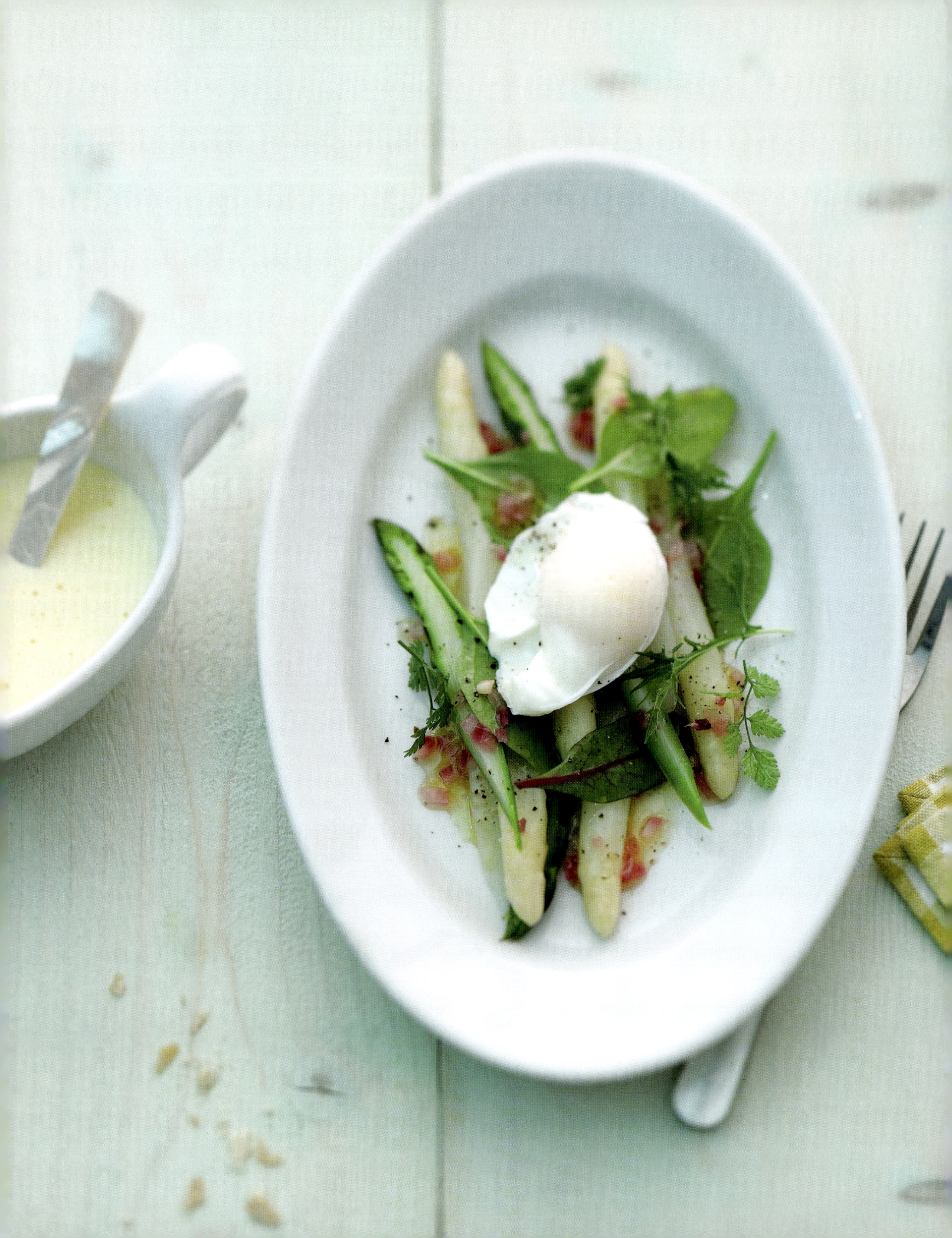

SPARGELSALAT MIT POCHIERTEM EI UND OLIVENÖL-HOLLANDAISE
FÜR 4 PERSONEN

Für die Hollandaise das Olivenöl erwärmen (aber nicht kochen!), Eigelb mit dem Weisswein in einer Schüssel über Dampf aufschlagen, das lauwarme Olivenöl langsam dazuträufeln. Einen Tropfen Spargelwasser (siehe unten) dazugeben und mit Salz und Pfeffer abschmecken.

Die Spargeln schälen und zusammen mit einer Scheibe Weissbrot in Salzwasser kochen. Abgiessen und Spargeln in zwei bis drei Stücke schneiden, mit Olivenöl abschmecken. Zusammen mit dem Blattsalat auf einem Teller anrichten.

Für die pochierten Eier in einem Topf Wasser aufkochen, Essig dazugeben. Die Eier eines nach dem anderen in eine Kaffeetasse geben und vorsichtig ins Wasser gleiten lassen. Drei Minuten ziehen lassen. Mit einer Schaumkelle herausheben, leicht salzen und auf die Spargelspitzen geben.

Zum Servieren mit der Olivenöl-Hollandaise überziehen.

500–600 g Spargeln
1 Scheibe Weissbrot
etwas Olivenöl, zum Abschmecken
4 frische Eier
1 EL weisser Essig
Blattsalat

FÜR DIE HOLLANDAISE
50 ml Olivenöl
1 Eigelb
2 EL Weisswein
Salz, Pfeffer

GRÜNE-OLIVEN-GNOCCHI MIT RIESENCREVETTEN
4 PERSONEN

Für die Gnocchi-Masse alle Zutaten gut verrühren und in einen Spritzsack mit grosser runder Tülle füllen. Tisch mit Mehl bestäuben, Masse zu Würstchen auf den Tisch spritzen. Mit einem Messer in 15 Millimeter lange Stücke schneiden und in der Hand in die Form einer Olive rollen.

In kochendem Salzwasser kochen, bis sie an die Wasseroberfläche steigen. Mit einer Schaumkelle vorsichtig herausnehmen.

Die Riesencrevetten schälen, vier Stück ganz lassen und vier zerkleinern, mit Salz und Pfeffer würzen und in Olivenöl kurz braten.

In einer Kasserolle etwas Olivenöl erhitzen, gehackte Knoblauchzehe, Cherry-Tomaten und Oliven darin anschwitzen. Gnocchi und die zerkleinerten Gambas beifügen und in der Pfanne schwenken. Mit Peperoncino-Öl abschmecken. Gnocchi auf vier Teller anrichten und mit den restlichen Riesencrevetten und Basilikum garnieren. Sofort servieren.

8 Gambas (Riesencrevetten)
60 g Cherrytomaten, geviertelt
90 g Taggiasca-Oliven
1 Knoblauchzehe, gehackt
Peperoncino-Öl
Olivenöl
Basilikum

FÜR DIE GNOCCHI
80 g Ricotta
80 g grüne Oliven, entsteint, gemixt
20 g Parmesan, gerieben
60 g Weissbrot
10 g Mehl
10 g Olivenöl (ca. 12 ml)
½ Ei
1 EL Spinat, gemixt
Mehl zum Bestäuben

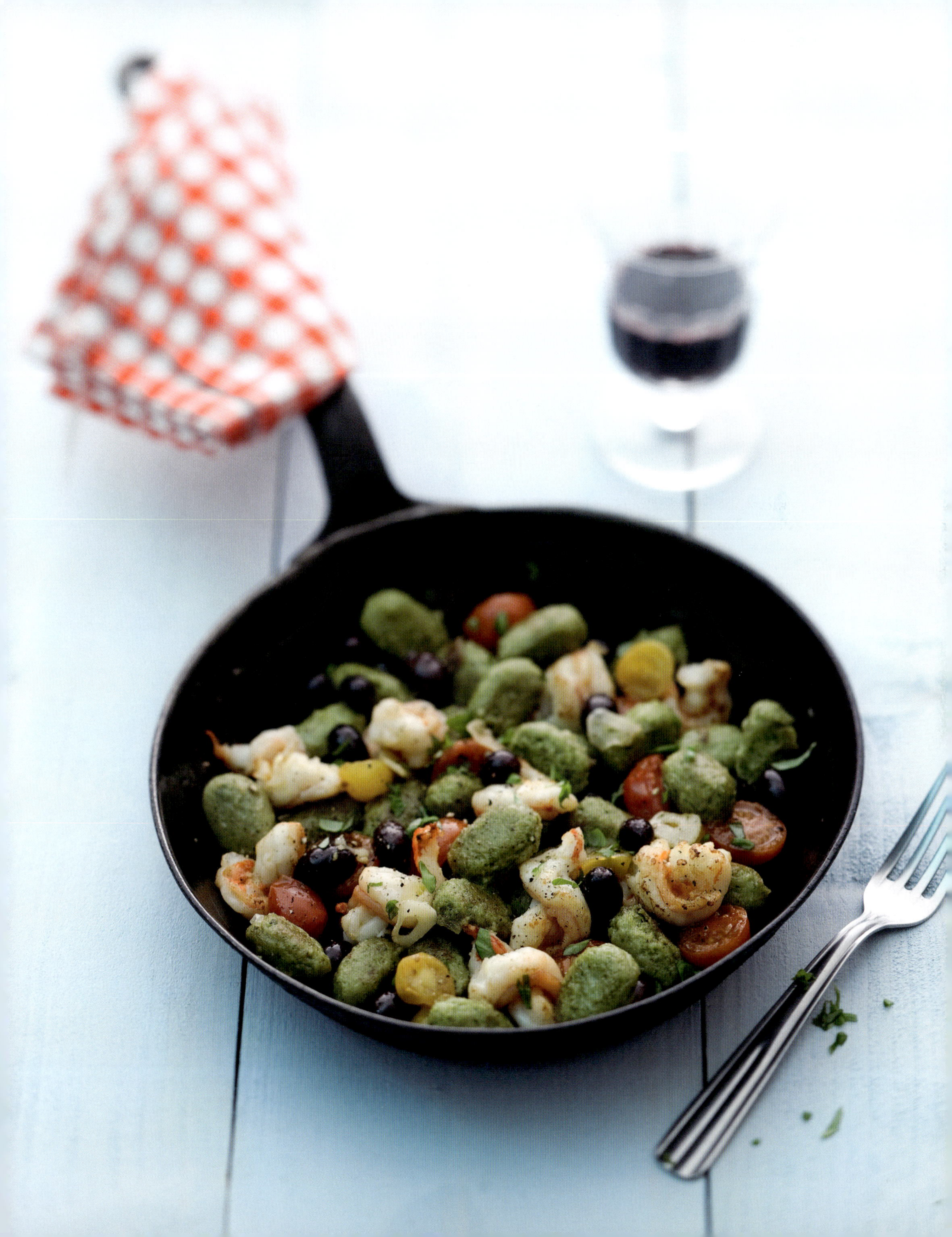

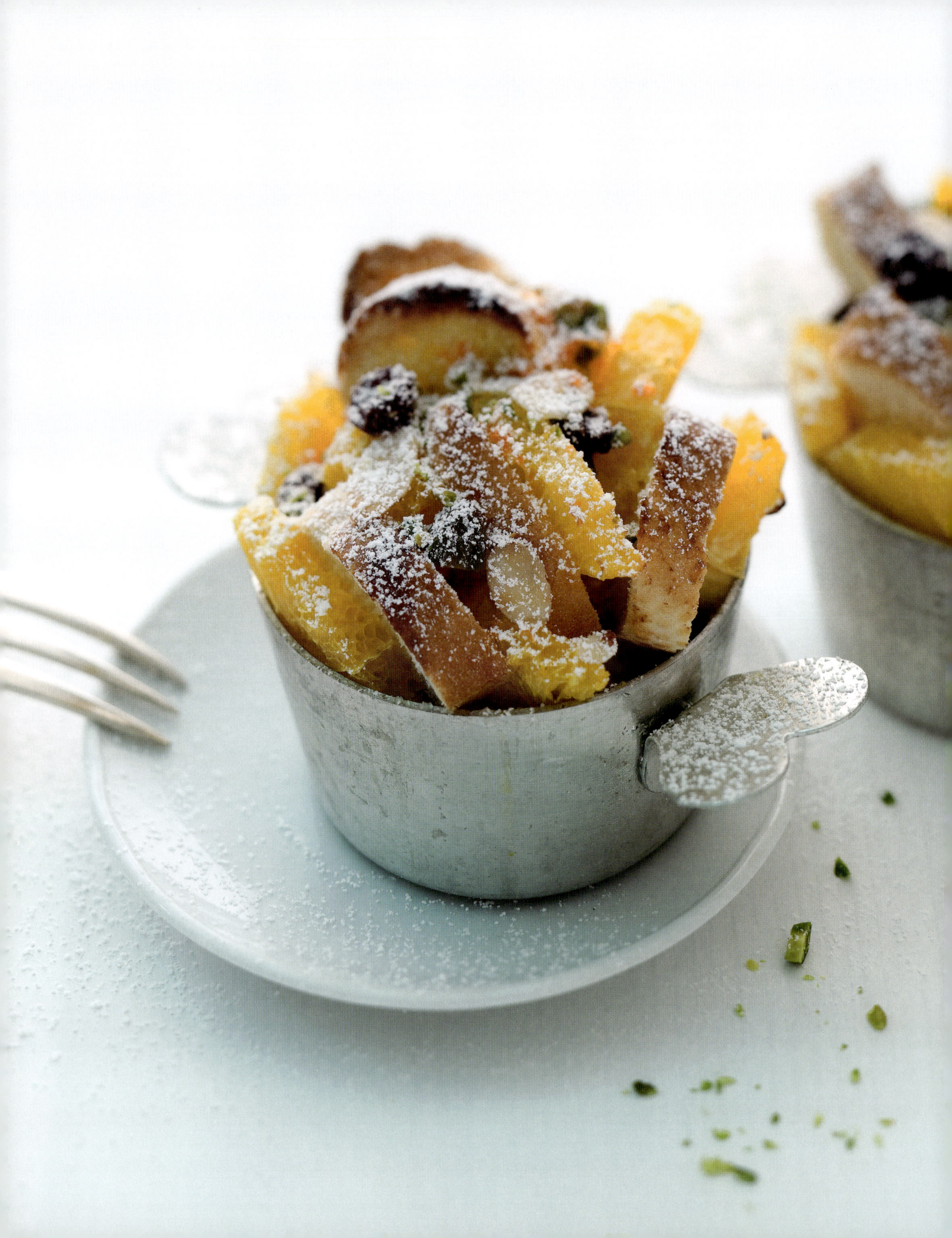

ORANGEN-SCHEITERHAUFEN
FÜR 4 PERSONEN

Ofen auf 180 °C vorheizen.

4 ofenfeste Förmchen ausbuttern und zuckern.

Erst die Royalmasse herstellen: Rahm mit Eigelb, Zucker und Orangenzesten verrühren. Orangenfilets, Korinthen, Pistazien, Mandeln und Brotbrösel vermischen.

Vorbereitete Förmchen mit dem Pariserbrot und der Orangenfiletmischung füllen. Die Auflaufmasse darübergiessen und 15 Minuten im Ofen backen.

150 ml Rahm
2 Eigelb
30 g Zucker
etwas Orangenzesten
3–4 Orangen, filetiert
20 g Korinthen, Pistazien und Mandeln
10 g Brotbrösel
20 g Pariserbrot (dickes Baguette), in dünne Scheiben geschnitten

PETER MOSER
RESTAURANT LES QUATRE SAISONS
HOTEL EUROPE BASEL
CLARASTRASSE 43
4005 BASEL
WWW.LESQUATRESAISONS.CH

MIT WELCHEN PRODUKTEN SIND SIE AUFGEWACHSEN?
Väterlicherseits gab es einen Bauernhof, mütterlicherseits eine Gärtnerei. Wir sind also mit den Jahreszeiten aufgewachsen; entsprechend gab es saisonale Gerichte und immer nur das, was der Garten und die Landwirtschaft gerade hergaben. Einmal pro Woche gab es Fleisch – einen schönen, gefüllten Braten am Sonntag. Eine wunderbare Tradition, wenn ich mir das heute überlege.

WONACH DUFTET IHRE KINDHEIT?
Das war der Duft nach frischer Milch, die wir damals noch kuhwarm getrunken haben, ich fand das als Kind einmalig. Der Duft hat sich im Haus mit den Jahreszeiten verändert: Im Winter hat es nach Bratäpfeln geduftet, wenn wir Würste geräuchert haben, war das ganze Haus mit dem Räucherduft erfüllt. Also die Aromen und Düfte waren eng mit der Jahreszeit verknüpft.

WIE SEHR PRÄGEN EINEN DIE GERICHTE, MIT DENEN MAN AUFGEWACHSEN IST ALS SPITZENKOCH?
Ich würde sagen, was mich geprägt hat, ist die Tatsache, dass ich weiss, was gut ist. Weil wir immer saisonal gekocht und gegessen haben, weiss ich, wie eine richtig gute Kartoffel schmeckt. Man lernt so den Urgeschmack eines Produktes kennen. Das ist wichtig!

SIE MÖGEN DIE KARTOFFEL BESONDERS. WARUM?
Die Kartoffel ist ein wunderschönes Grundnahrungsmittel. Daraus kann man einen köstlichen Kuchen oder eine schöne Suppe machen. Die Kartoffel ist also sehr vielseitig, man kann sie so verschieden zubereiten und hat am Schluss immer etwas Köstliches. Und: Ich brauche Kohlenhydrate, die Kartoffel gibt mir diese Kraft.

SIE WERDEN IN IHRER FREIZEIT OFT VON IHRER TOCHTER BEKOCHT. MACHT SIE DAS AUCH STOLZ?
Natürlich, denn sie hat viel Freude am Kochen, sie probiert alles aus und kann sehr gut kochen. Und wenn ich das nicht nur als Koch, sondern auch als Vater erlebe, dann macht mich das selbstverständlich stolz. Ich merke, die Beziehung zwischen uns ist da; ich konnte ihr etwas fürs Leben mitgeben.

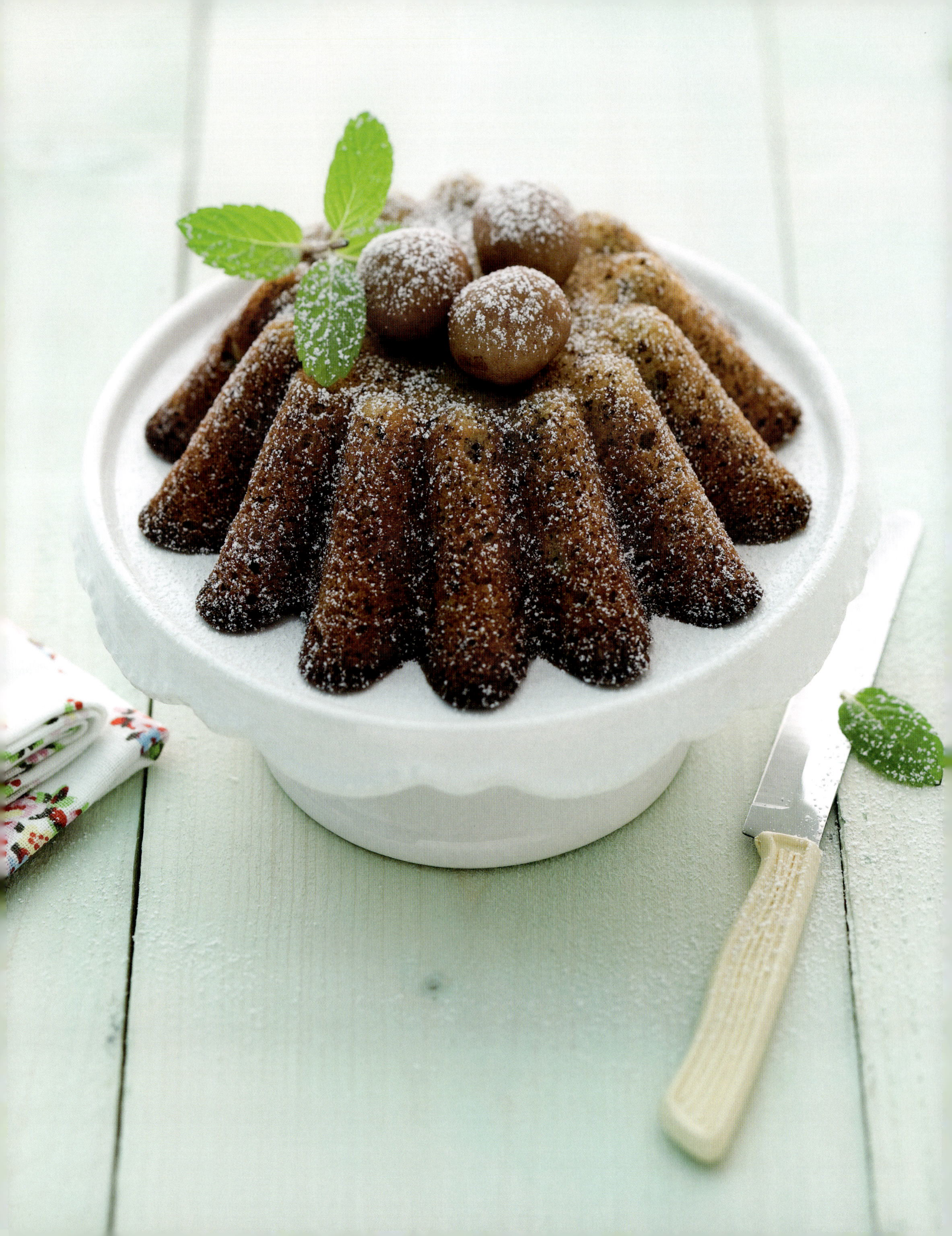

SÜSSE KARTOFFELTORTE
FÜR 4 PERSONEN

Ofen auf 200 °C vorheizen. Eine Backform ausbuttern.

Für den Kuchen erst die Kartoffeln kochen, schälen und pürieren. Die Eier trennen und das Eiweiss steif schlagen. Zucker und Eigelb schaumig rühren, alle übrigen Zutaten beifügen und zuletzt den Eischnee unterheben.

Masse in die vorbereitete Backform füllen und zirka 45 Minuten backen. Auskühlen lassen, dann mit dem Puderzucker bestäuben.

TIPP
Die Kartoffelsorte bestimmt die Qualität der Torte. Mehlige Kartoffeln verwenden, und der Kuchen wird lockerer. Die gekochten, pürierten Kartoffeln nicht zu heftig bearbeiten – die Masse wird sonst zu zäh. Die süsse Kartoffeltorte ist sehr feucht und lässt sich mehrere Tage aufbewahren.

600 g Kartoffeln
400 g Zucker
200 g Haselnüsse, gemahlen
150 g Orangeat, etwas zerkleinert
8 Eier
150 g Griess
8 g Backpulver
50 g Bitterschokolade, geraffelt

Puderzucker
Marzipankartoffeln, für die Dekoration

KARAMELLISIERTE SCHOGGICREME MIT BIRNENKOMPOTT
FÜR 4 PERSONEN

Für das Kompott die Birnen waschen, schälen, Kerngehäuse entfernen und in 5 Millimeter grosse Würfel schneiden, den Limettensaft beigeben. Wasser, Zucker und Gelfix mit dem Vanillemark aufkochen, Birnenwürfel beigeben und weich pochieren. Kompott abgedeckt über Nacht gut durchkühlen lassen (es sollte leicht gelieren).

Für die Schoggicreme Eigelb und Zucker verrühren. Rahm aufkochen und unter ständigem Rühren in die Eigelbmischung giessen. Die Rahmmischung zurück in einen Topf giessen und bei mittlerer Hitze unter ständigem leichtem Rühren auf 80 °C, höchstens 85 °C erhitzen. Creme zur Rose abbinden. Sofort vom Herd nehmen und die Schokoladenstücke beigeben. So lange mit einem Mixstab durchmixen, bis eine homogene, dickflüssige Masse entsteht. Die Schoggicreme in Ringe oder runde Förmchen von zirka 6 Zentimeter Durchmesser gleichmässig verteilen. Mit Klarsichtfolie abdecken und im Kühlschrank durchkühlen lassen.

Zum Anrichten die Schoggicreme zirka 2 Stunden vor Gebrauch aus dem Kühlschrank nehmen, damit sie Zimmertemperatur annimmt. Mit braunem Zucker bestreuen und mit einem Bunsenbrenner karamellisieren.

Zum Servieren die karamellisierte Schoggicreme in die Mitte des Tellers geben, dann die Ringe oder Förmchen vorsichtig abheben, ringsum das Birnenkompott verteilen und mit Schokoladenspänen oder Birnenchips garnieren.

FÜR DIE SCHOGGICREME
200 ml Rahm
2 Eigelb
30 g Zucker
100 g Schokolade, grob zerkleinert
2 EL brauner Zucker

FÜR DAS BIRNENKOMPOTT
2 reife Williamsbirnen
½ Limette, Saft
¼ Stück Vanilleschote, Mark
100 ml Wasser
60 g Zucker
5 g Gelfix Super

FÜR DAS DEKOR
Schokoladenspäne oder
4 Scheiben Birnenchips

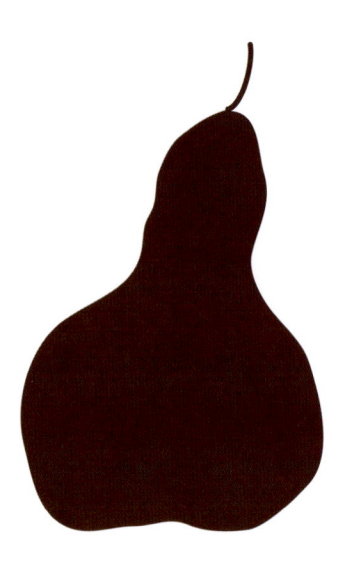

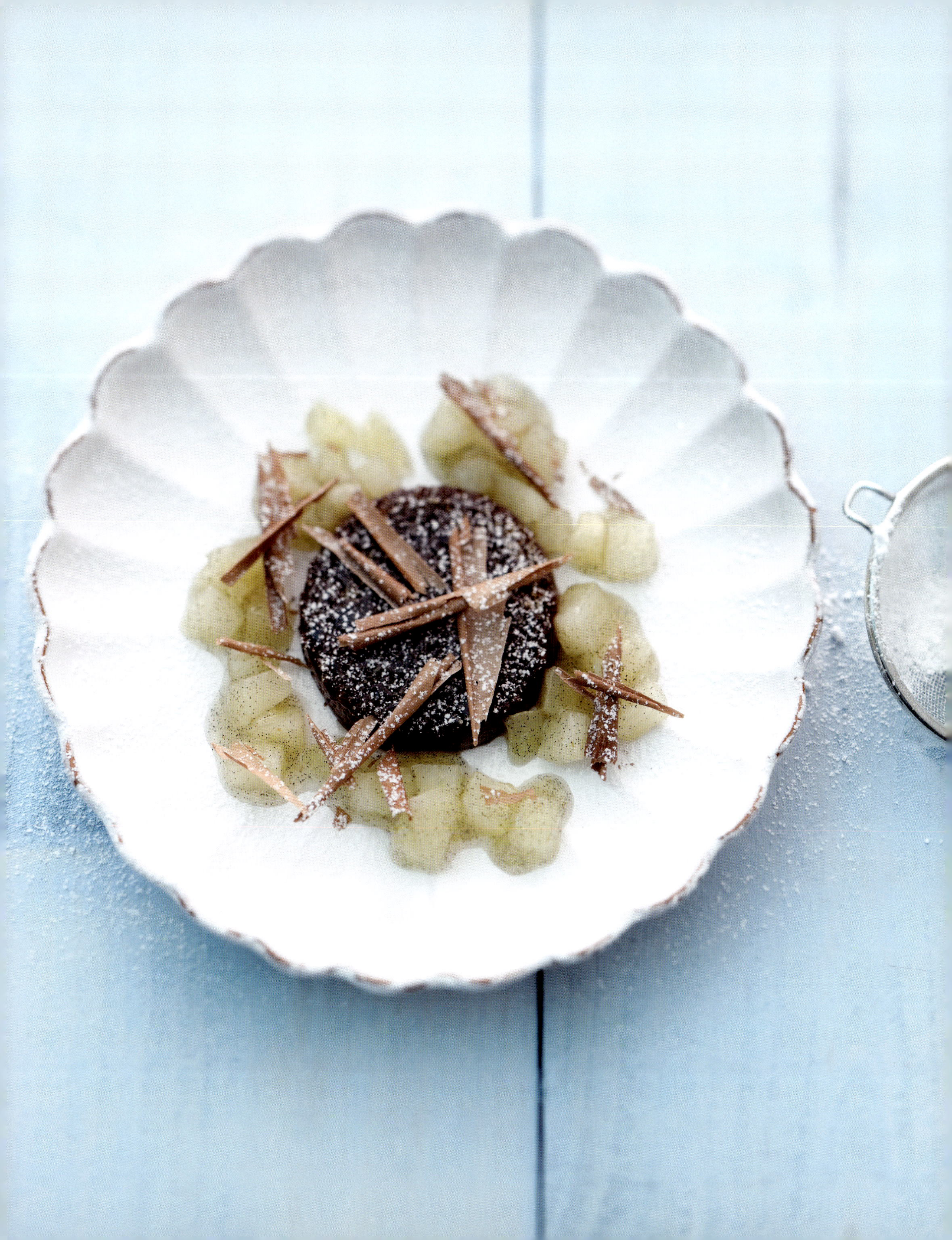

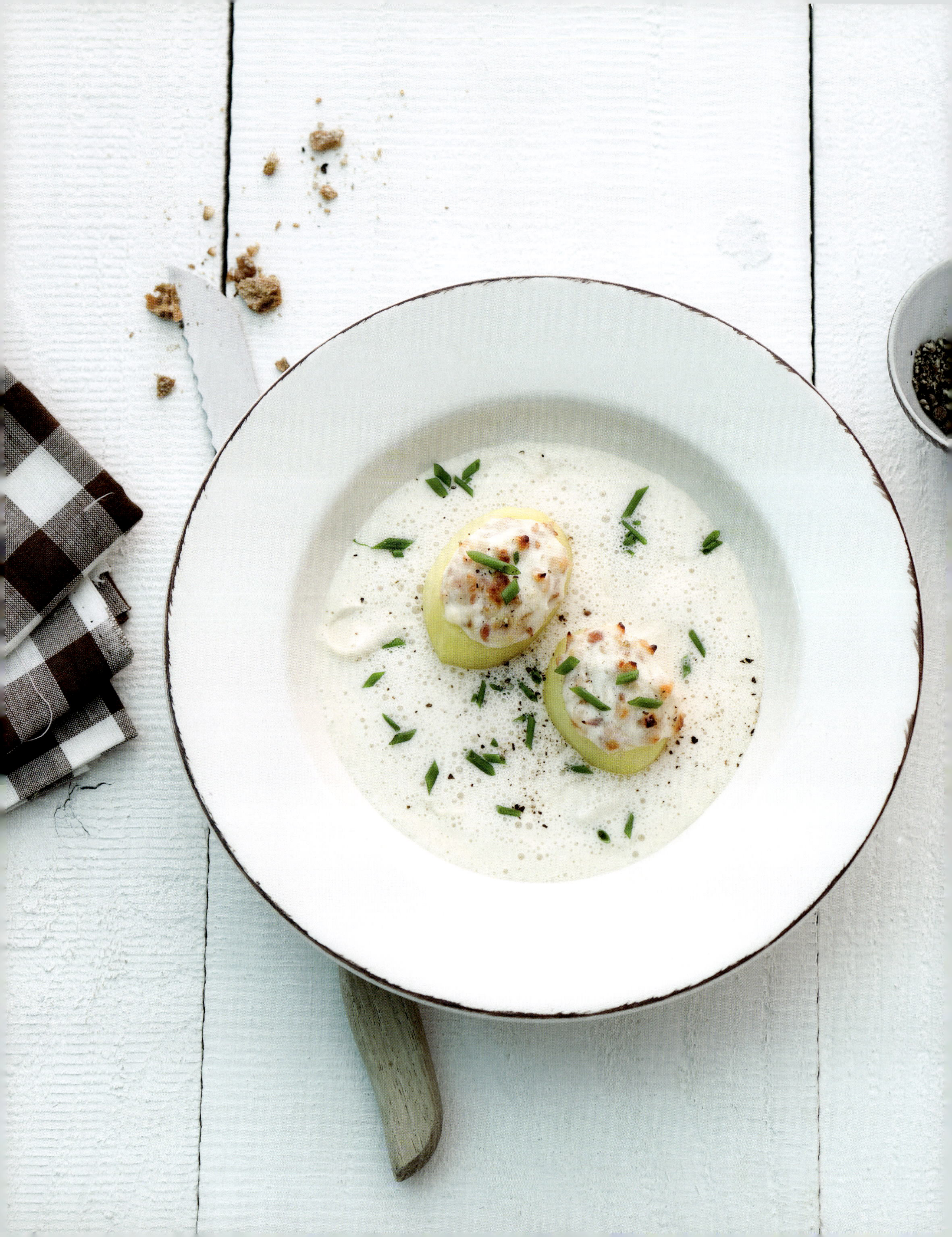

MEERRETTICHSUPPE MIT SCHNITTLAUCH UND GEFÜLLTER KARTOFFEL
FÜR 6 PERSONEN

Den Ofen auf 220 °C vorheizen.

Für die Beilage Kartoffeln waschen, schälen und aushöhlen. Im Dampfkochtopf fast gar dämpfen.

Den Quark und Vollrahm in einer Schüssel glatt rühren. Speck- und Schalottenwürfel in einer Bratpfanne kurz andünsten, dann mit dem Quark vermischen. Ausgehöhlte Kartoffeln mit der Masse füllen. Ein flaches Kuchenblech leicht einfetten, gefüllte Kartoffeln daraufsetzen und zirka 10 Minuten im Ofen backen.

In der Zwischenzeit die Bouillon in einem Topf aufkochen; den Vollrahm und die Butter beigeben. Nochmals aufkochen und mit dem Mixer zusammen mit dem Meerrettich aufschlagen. Mit etwas Aceto Balsamico sowie einer Prise Meersalz abschmecken.

Die Meerrettichsuppe in vorgewärmte Suppenteller geben, eine gebackene Kartoffel als Einlage beigeben und mit dem Schnittlauch bestreuen.

FÜR DIE SUPPE
500 ml kräftige Rindfleischbouillon
200 ml Vollrahm
60 g Butter
60 g Meerrettich, frisch gerieben
1 Prise Meersalz
1 TL Aceto Balsamico
½ Bund Schnittlauch, geschnitten

FÜR DIE BEILAGE
6 kleine neue Kartoffeln
2 EL Magerquark
2 EL Vollrahm
1 EL Speck, in feinen Würfeln
2 TL Schalotten, fein gehackt

MARTIN SURBECK
RESTAURANT SEIN
SCHÜTZENGASSE 5
8001 ZÜRICH
WWW.ZUERICHSEIN.CH

SIE VERRATEN UNS DAS REZEPT FÜR EINE GESCHÜTTELTE TOMATENCONSOMMÉ. GIBT ES EINE ERINNERUNG DAZU?
Nein, aber einen Traum! Ich habe das Rezept nämlich geträumt. Ich kann auch gar nicht mehr sagen, was im Traum alles vorkam, aber ich bin danach auf jeden Fall glücklich erwacht. Ich träume ganz selten, aber im Minimum kommt dann doch eine Consommé dabei raus. Also ging ich in die Küche, wo wir das Rezept dann ausprobiert haben. Geträumte Gerichte gelingen immer, weil man wie automatisch weiss, wie man sie richtig machen muss. Schliesslich hat man alles schon einmal geträumt.

WARUM IST DAS KOCHEN FÜR IHR LEBEN EIN GEWINN?
Kochen war für mich ein Lebensretter, es gab ihm einen grossen Sinn. Man dachte in der Schule immer, ich sei nicht der Hellste. Ich war Legastheniker: Ich konnte zwar gut rechnen, habe die Zahlen aber falsch aufgeschrieben. Da haben mich meine Eltern auf eine Privatschule geschickt. Von der Aufgabenstunde gab es dort nur eine Erlösung: den Küchendienst. Also hab ich mich dort freiwillig gemeldet. Und weil ich morgens für alle den Kaffee gebrüht habe, durfte ich vom Achter- ins Einzelzimmer umziehen, weil ich früher aufstehen musste. Ich habe schnell gemerkt: Wenn man in der Küche gut arbeitet, haben alle eine Freude. Und beim Kochen habe ich es allen gezeigt, dass etwas in mir steckt. Heute koche ich für mich, und die Gäste bekommen das, was davon übrig bleibt, weil ich schliesslich nicht alles selber essen kann. Das Wichtige beim Kochen ist das Herzblut. Wer ohne Herzblut kocht oder nicht gerne isst, für den ist Kochen nur eine Fleissarbeit.

WAS ESSEN SIE AM LIEBSTEN BEIM KLEINEN HUNGER ZWISCHENDURCH?
Käse und Brot. Und das Brot nie ohne Butter. Seit ich Kind bin, gehört die Butter einfach mit auf das Brot. So ist es feiner und rutscht auch besser in den Bauch.

WAS WAR IHR ERSTES GERICHT?
Wir hatten als Kinder einen Kinderherd im Garten. Zwar waren das winzige kleine Töpfe, da gab es kaum eine anständige Portion. Aber da habe ich für meine Kollegen Hörnli gekocht. Das war mein erstes Gericht.

Martin Surtees

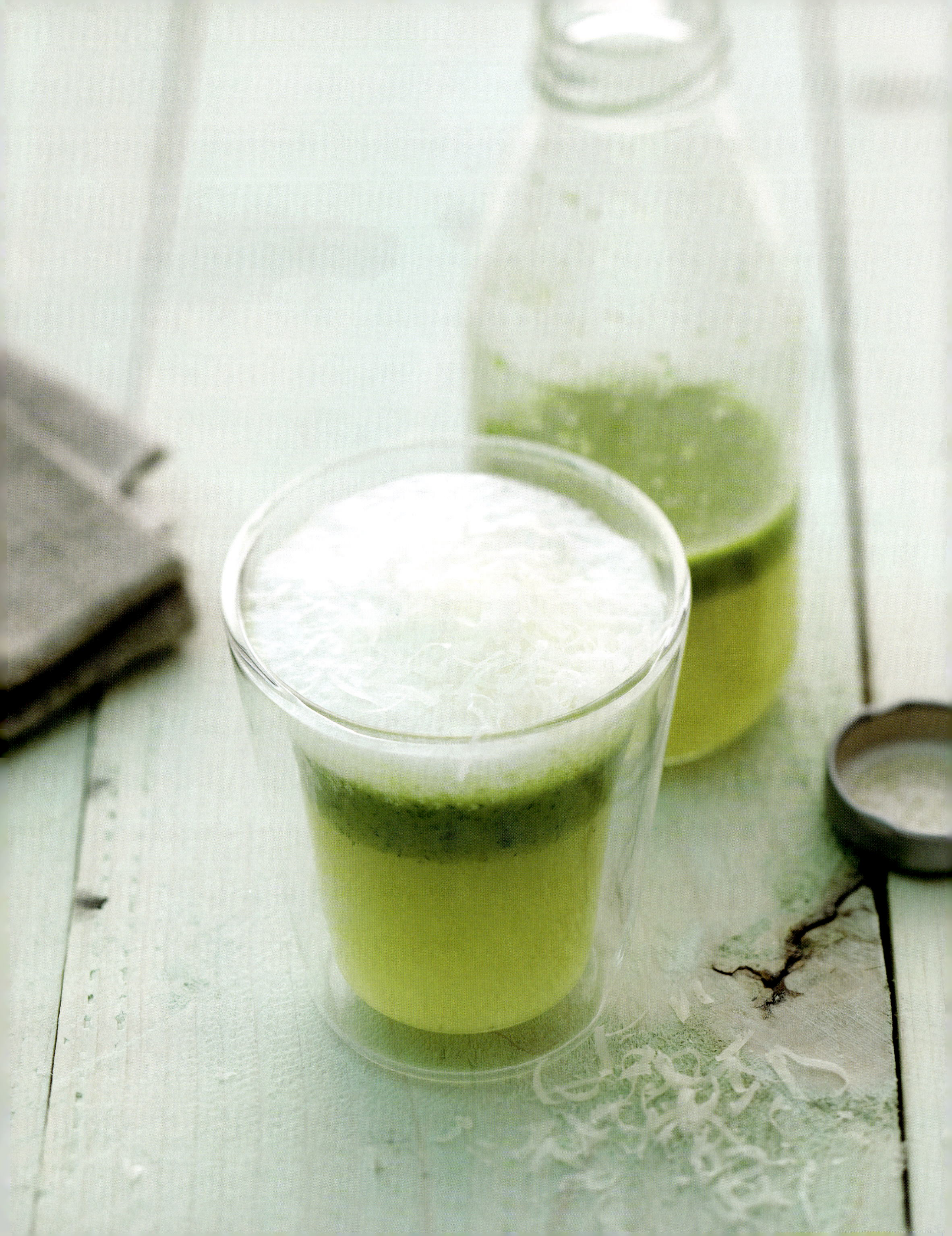

GESCHÜTTELTE TOMATENCONSOMMÉ MIT RUCOLA UND PARMESANSCHAUM
FÜR 4 PERSONEN

Die Tomaten mit der Saftmaschine entsaften, dann aufkochen und durch einen Kaffeefilter oder ein Passiertuch passieren. Dabei darauf achten, dass der Saft ohne Bewegung, also in Ruhe ablaufen kann. Dann Flüssigkeit auf zirka 5 Deziliter einkochen.

Für das Rucola-Öl Olivenöl und Rucola mit dem Stabmixer ganz fein mixen.

Für den Parmesanschaum Milch und Rahm in einer Pfanne auf den Siedepunkt bringen und den Parmesan langsam einmixen. Mit Salz und Pfeffer abschmecken.

Die Tomatenconsommé nun erwärmen (ca. 60 °C) und in eine Glasflasche abfüllen. Das Rucola-Öl langsam beigeben. Die Parmesansauce mit dem Stabmixer gut aufmixen, den Schaum vorsichtig abschöpfen und durch einen möglichst breiten Trichter in die Flasche abfüllen, damit dieser die Flüssigkeit schön bedeckt. Sollte der Schaum nicht reichen, einfach wieder aufmixen.

Kurz vor dem Servieren die Flasche kräftig schütteln und Consommé in Gläser einschenken. Unanständig, aber genüsslich aus dem Glas geschlürft schmeckt die Suppe am besten!

FÜR DIE KLARE TOMATENSUPPE
1½ kg Ramato-Tomaten

FÜR DAS RUCOLA-ÖL
100 ml Olivenöl
30 g Rucola

FÜR DEN PARMESANSCHAUM
300 ml Milch
100 ml Rahm
80 g geriebener Parmesan
Fleur de Sel
schwarzer Pfeffer

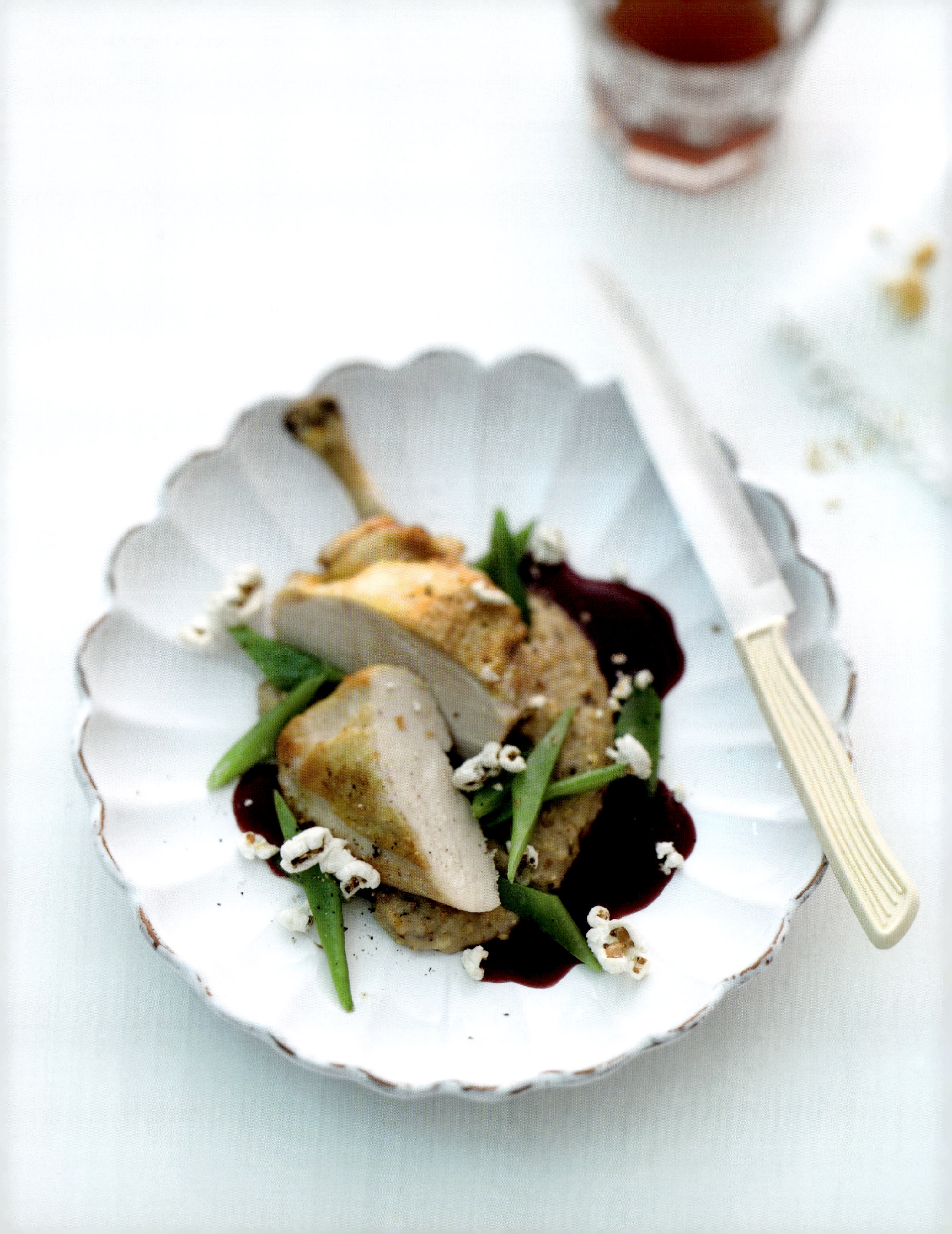

GEBRATENE PERLHUHNBRUST MIT POPCORNPOLENTA UND „CHATZENSEICHERLI"-SAUCE
FÜR 4 PERSONEN

Für die Sauce die Traubenbeeren mit den Händen gut zerquetschen und über Nacht zugedeckt in der Küche stehen lassen. Dann alles aufkochen und durch ein feines Sieb drücken – leidenschaftlich ausdrücken, denn wir brauchen jeden Tropfen Saft! Die Flüssigkeit zirka 5 Minuten kochen, bis der Saft etwas eindickt.

Die Perlhuhnbrüste würzen und bei mittlerer Hitze auf beiden Seiten zirka 3 Minuten anbraten. Etwas ruhen lassen.

Für die Polenta in einer grossen Pfanne etwas Öl erhitzen und die Maiskörner zugeben, schnell einen Deckel auf die Pfanne geben und warten, bis alle Körner explodiert sind. Das Popcorn auskühlen lassen und in einem Mixbecher ganz fein mixen. Den „Popcornstaub" in eine Pfanne geben, vorsichtig erhitzen und unter ständigem Rühren Geflügelfond und Rahm beigeben. Die Masse soll dabei eine Konsistenz von einer Polenta bekommen.

Die Bohnen weich kochen und in längliche Stücke oder Streifen schneiden. Vor dem Anrichten die Bohnenstücke mit Fleur de Sel und Pfeffer würzen und nochmals richtig aufheizen.

Zum Anrichten die Polenta auf einen Teller geben, die Perlhuhnbrust tranchieren und mit den Bohnen daraufgeben. Traubensaft angiessen und nach Belieben alles mit wenig Popcorn bestreuen.

4 Perlhuhnbrüste
100 g Popcorn-Maiskörner
300 g Americano-Trauben
200 ml Geflügelfond
200 ml Rahm
200 g Bohnen
Fleur de Sel und Pfeffer
Olivenöl zum Braten
etwas Popcorn zum Bestreuen

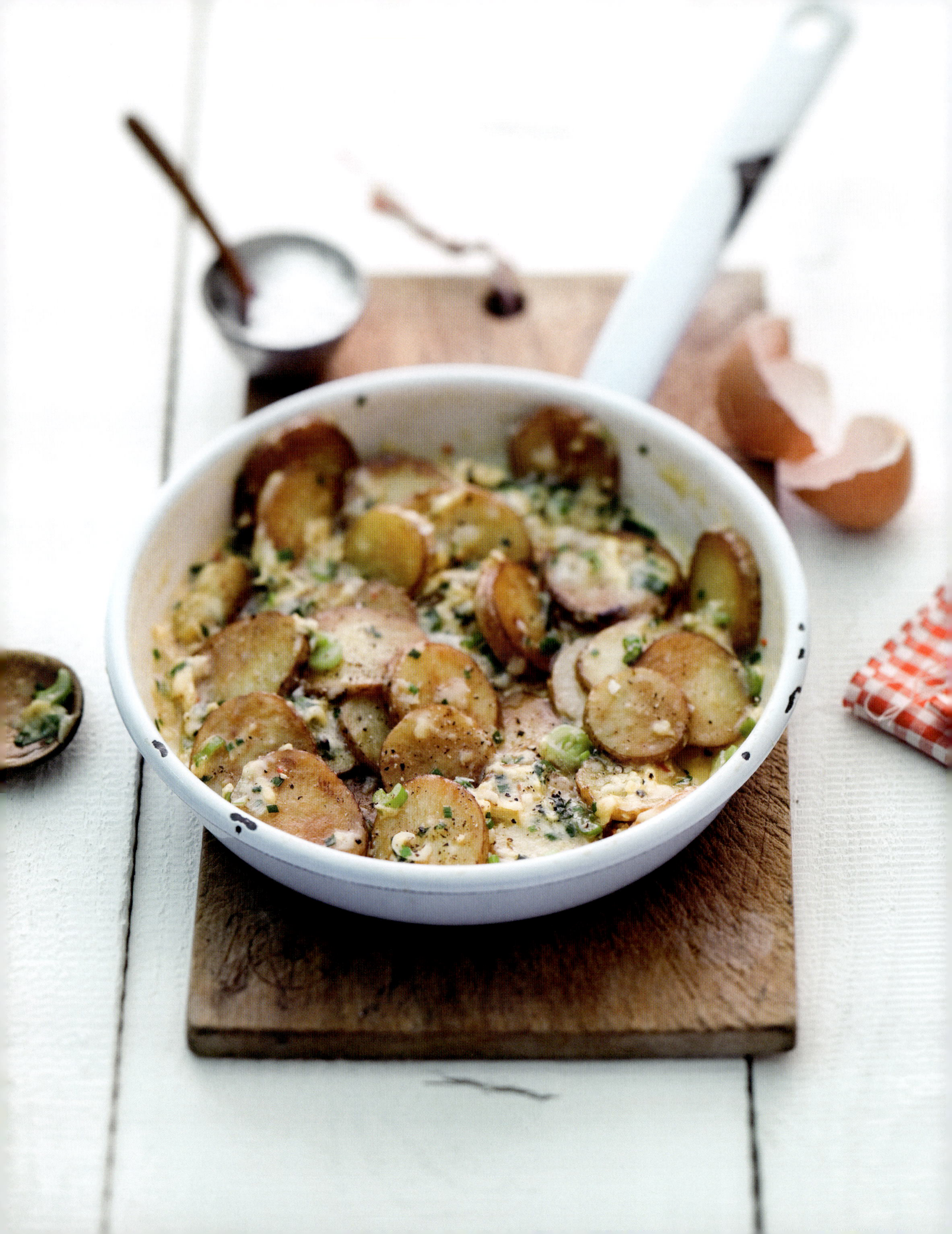

EIERKARTOFFELN
FÜR 4 PERSONEN

Erst die Kartoffeln waschen, noch ungeschält in Scheiben schneiden und blanchieren. Dann abkühlen lassen.

In einer Bratpfanne Olivenöl erhitzen und Kartoffelscheiben darin beidseitig knusprig anbraten.

Frühlingszwiebeln, Chili und Schnittlauch dazugeben und kurz mitbraten. Die Eier in der heissen Pfanne aufschlagen und den gewürfelten Scamorza dazugeben, nur kurz mischen, damit die Kartoffeln einen flauschigen Mantel kriegen. Zum Schluss mit Fleur de Sel und schwarzem Pfeffer aus der Mühle je nach Gusto würzen und sofort servieren.

360 g Kartoffeln
4 Eier
½ Bund Frühlingszwiebeln
1 kleines Bund Schnittlauch
wenig Chili
40 g Scamorza (italienischer Käse), gewürfelt
Fleur de Sel
schwarzer Pfeffer
300 ml Olivenöl

JAN LEIMBACH
LENKERHOF ALPINE RESORT
3775 LENK IM SIMMENTAL
WWW.LENKERHOF.CH

WAS FEHLT IN IHREM KÜHLSCHRANK NIE?
Die Butter! Ich kann kein Brot ohne Butter essen. Sie macht den Frühstückstoast erst so richtig gut und ist meine liebste, kleinste Delikatesse.

BUTTER BRAUCHEN SIE AUCH FÜR IHRE BRIOCHE, DIE SIE IM REZEPT MIT EINER ZITRONEN-INGWER-ANANAS-KONFITÜRE SERVIEREN. WAS HAT SIE DAZU INSPIRIERT?
Meine Inspiration ist die Summe von vielem: Erinnerungen aus meiner Kindheit, eine Idee, die ich im Kopf herumtrage, das Wissen um Geschmäcker, die zusammenpassen. Das verbinde ich mit dem, womit ich mich identifizieren kann, dem, was mir schmeckt. Das gibt am Schluss ein grosses Ganzes. Oder eben eine Konfitüre aus Zitronen, Ingwer und Ananas.

SIE HABEN TATSÄCHLICH VIELE KINDHEITSERINNERUNGEN AUS DER KÜCHE ...
Meine Eltern hatten ein kleines Hotel, da durfte ich als Kind in der Küche schon mithelfen. Dort kam ich schon sehr früh in Kontakt mit schönen Produkten. Habe gelernt, was zusammenpasst: Lachs und Meerrettich, Wildfleisch mit Preiselbeere, Birnen und Haselnüsse.

Ich habe aber so gerne Kuchen gegessen, dass ich erst Konditor werden wollte. Bin dann aber doch Koch geworden ... Die Leidenschaft ist aber immer noch da. Ich habe Freude bei der Glacezubereitung, und Crème brulée mag ich ausserordentlich gerne. Es ist der Gegensatz, der mich fasziniert: der süsse Kuchen nach einem schönen Braten mit Semmelknödeln und Sauerkraut. Das gibt immer einen schönen Kontrast von süss und salzig.

WAS HAT SIE MOTIVIERT, BEI DEN „SPITZENKÖCHEN FÜR AFRIKA" MITZUMACHEN?
Der Einsatz für den guten Zweck steht bei uns im Lenkerhof grossgeschrieben. Unser Besitzer unterstützt bereits seit vielen Jahren Hilfsprojekte in Afrika. Da war es für mich sofort klar, dass ich hier mithelfen möchte.

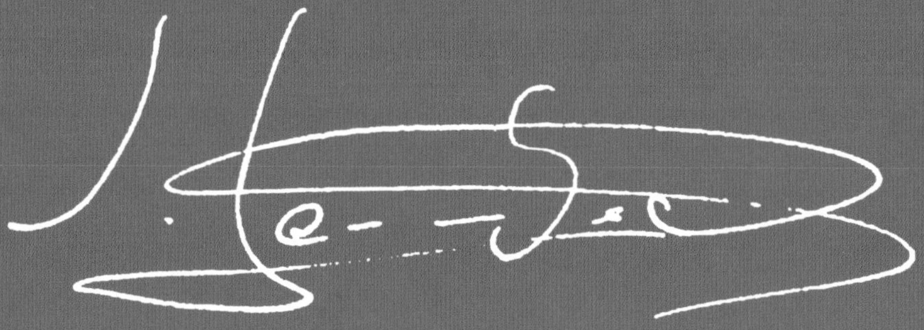

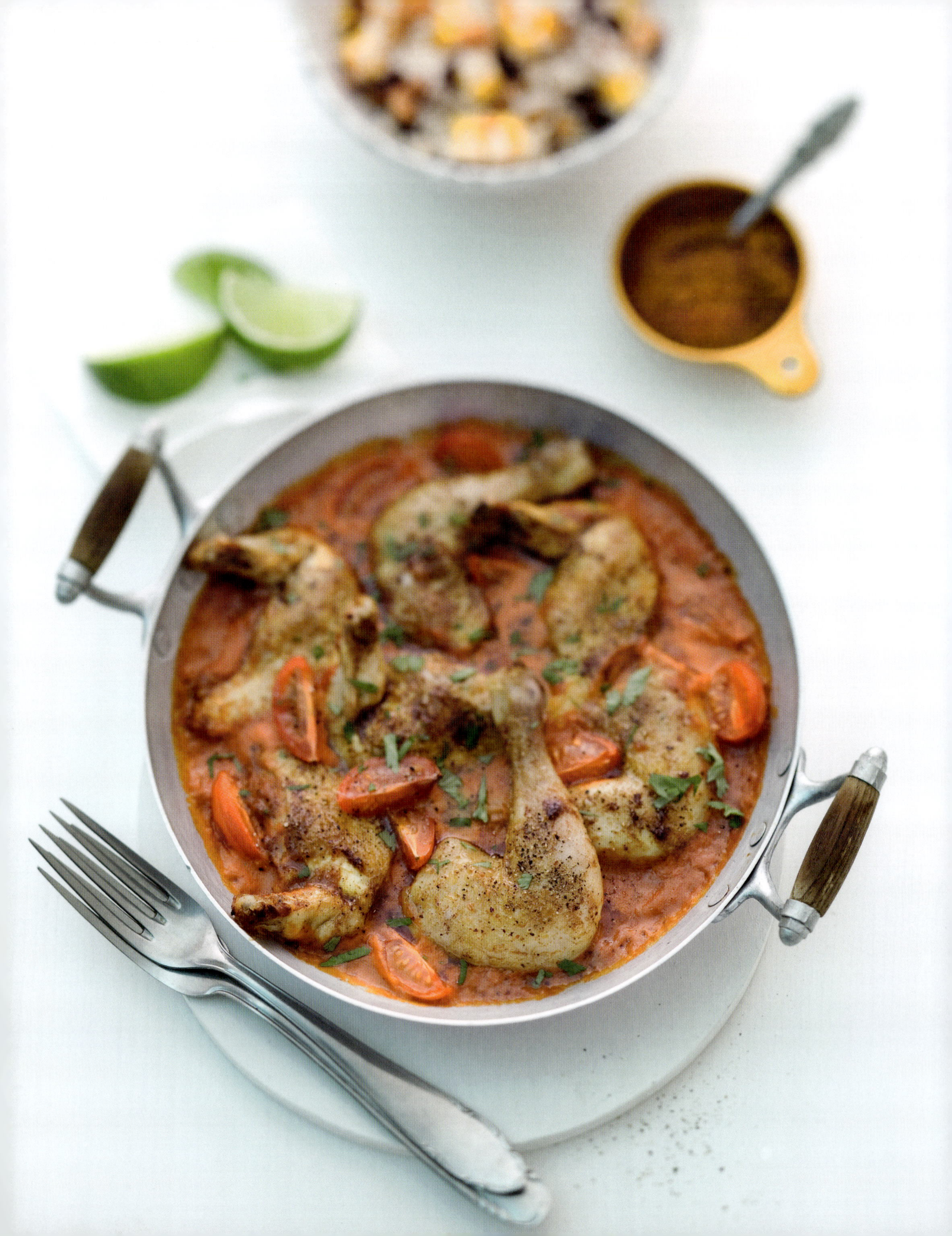

CHICKENCURRY MODERN KERALA MIT MANGO-GOJI-REIS UND CASHEWNUT-CRUMBLES
FÜR 4 PERSONEN

Ofen auf 180 °C vorheizen.

Für das Curry Zwiebeln in Kokosfett glasig dünsten. Tomatenwürfel, Gewürze, dann Kokosnussmilch und Geflügelfond beigeben und im Ofen für zirka 30 Minuten schmoren.

Zitronenschale, Zimtstange, Kardamom herausnehmen und Sauce mit dem Mixstab pürieren. Die Curry-Sauce in ein Bratgeschirr geben und die geviertelten Peretti-Tomaten darauf verteilen. Poulet mit Salz und Pfeffer würzen und mit Curry bestäuben, dann in Kokosfett anbraten und auf die Curry-Sauce geben. Chicken-Curry 12 Minuten im Ofen bei 220 °C (Umluft) fertiggaren.

Für den Cashewnut-Crumble Kokosfett in einer Pfanne erhitzen. Die Toastbrotwürfel und Cashew-Kerne darin goldbraun rösten und mit Salz gut abschmecken.

Für den Reis die Schalotten in Kokosfett glasig dünsten. Lorbeerblatt, eine Prise Salz und Reis hinzufügen. Alles mit Wasser aufgiessen, zum Kochen bringen und bei schwacher Hitze mit geschlossenem Deckel zirka 14 Minuten garen. Goji-Beeren dazugeben und weitere 4 Minuten ziehen lassen.

Mangowürfel mit Chili mischen und unter den Reis geben. Kurz vor dem Anrichten die Cashewnut-Crumbles unterheben.

Fertig geschmortes Curry mit dem Reis, Koriander und Limettenecken servieren.

3 Stubenküken American, ausgelöst
(oder 6 Poulet-Schenkel mit Haut)
35 g Kokosfett
400 g Zwiebeln
400 g vollreife Strauchtomaten, abgezogen, entkernt und in Würfel geschnitten
250 g Pelati-Tomaten aus der Dose ohne Kerne, in Würfel geschnitten
25 g Knoblauch
15 g Madras- oder Mumbai-Curry
15 g Kurkuma
6 Nelkenköpfe, zerdrückt
6 grüne Kardamomkapseln
10 g Tandooripaste
45 g Cashewnut-Paste oder ersatzweise Erdnussbutter
225 ml Kokosnussmilch, ungesüsst
250 ml Geflügelfond
25 g junger Ingwer, gerieben
Salz
1 unbehandelte Zitrone, Schale
½ Zimtstange
150 g Peretti-Tomaten ohne Haut, geviertelt

FÜR DEN CASHEWNUT-CRUMBLE
6 Scheiben Toastbrot ohne Rinde, in kleine Würfel geschnitten
60 g Cashew-Kerne, grob gehackt
70 g Kokosfett
Salz

FÜR DEN MANGO-GOJI-REIS
1 Schalotte, in Würfel geschnitten
120 g Langkorn- oder Basmatireis
250 ml Wasser
20 g Kokosfett
50 g Goji-Beeren
(oder getrocknete Cranberries)
1 Lorbeerblatt
2 indische Mangos, geschält, in 1-Zentimeter-Würfel geschnitten
1 rote Chilischote, ohne Kerne, klein geschnitten

FÜR DIE GARNITUR
Kaffirlimetten-Ecken
frische Curry-Blätter oder Koriander

MAISCREME-CAPPUCCINO MIT POPCORN, KOKOSNUSS UND KREUZKÜMMEL
FÜR 4 PERSONEN

Für den Maiscreme-Cappuccino erst den Kreuzkümmel im Sesamöl leicht rösten. Zwiebeln, Knoblauch und Karotten zufügen und dünsten. Zuckermais und 40 g Popcorn zufügen und mit Noilly Prat ablöschen. Mit Fond, Rahm und Kokosnussmilch aufgiessen und 15 Minuten köcheln lassen. Mit dem Stabmixer pürieren und durch ein Sieb passieren. Suppe mit Butter binden und mit Pfeffer und Misopaste würzen.

Für den Milchschaum den Kreuzkümmel trocken rösten. Kokosnussmilch und Milch zufügen und zum Kochen bringen. Den Milchschaum durch ein Sieb passieren und mit dem Stabmixer aufschäumen.

Vor dem Servieren die heisse Maiscremesuppe nochmals aufschäumen und in Tassen füllen. Den Milchschaum daraufgeben und mit dem übrigen Popcorn garnieren.

30 ml geröstetes Sesamöl (aus dem Asienladen)
½ TL Kreuzkümmel
50 g Zwiebeln, gewürfelt
½ junge Knoblauchzehe, zerdrückt
100 g Karotten (Pfälzer), gewürfelt
50 g Popcorn
175 g Zuckermais
50 ml Noilly Prat
300 ml Geflügelfond
100 ml Rahm
200 ml Kokosnussmilch ungesüsst
65 g Butter
Pfeffer
½ TL Misopaste hell (Sojabohnenpaste aus dem Asienladen)

FÜR DEN MILCHSCHAUM
½ TL Kreuzkümmel
200 ml Milch
100 ml ungesüsste Kokosnussmilch

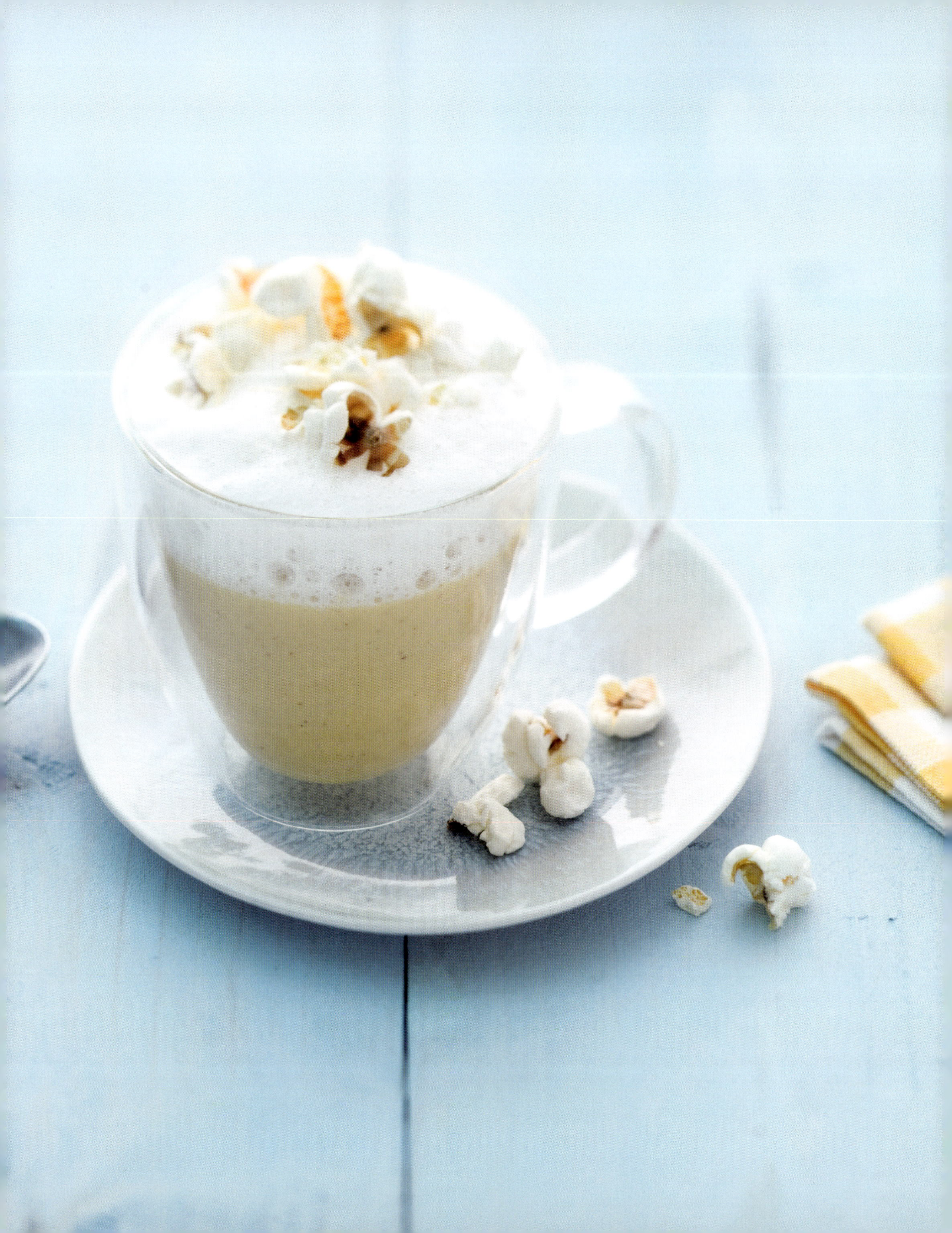

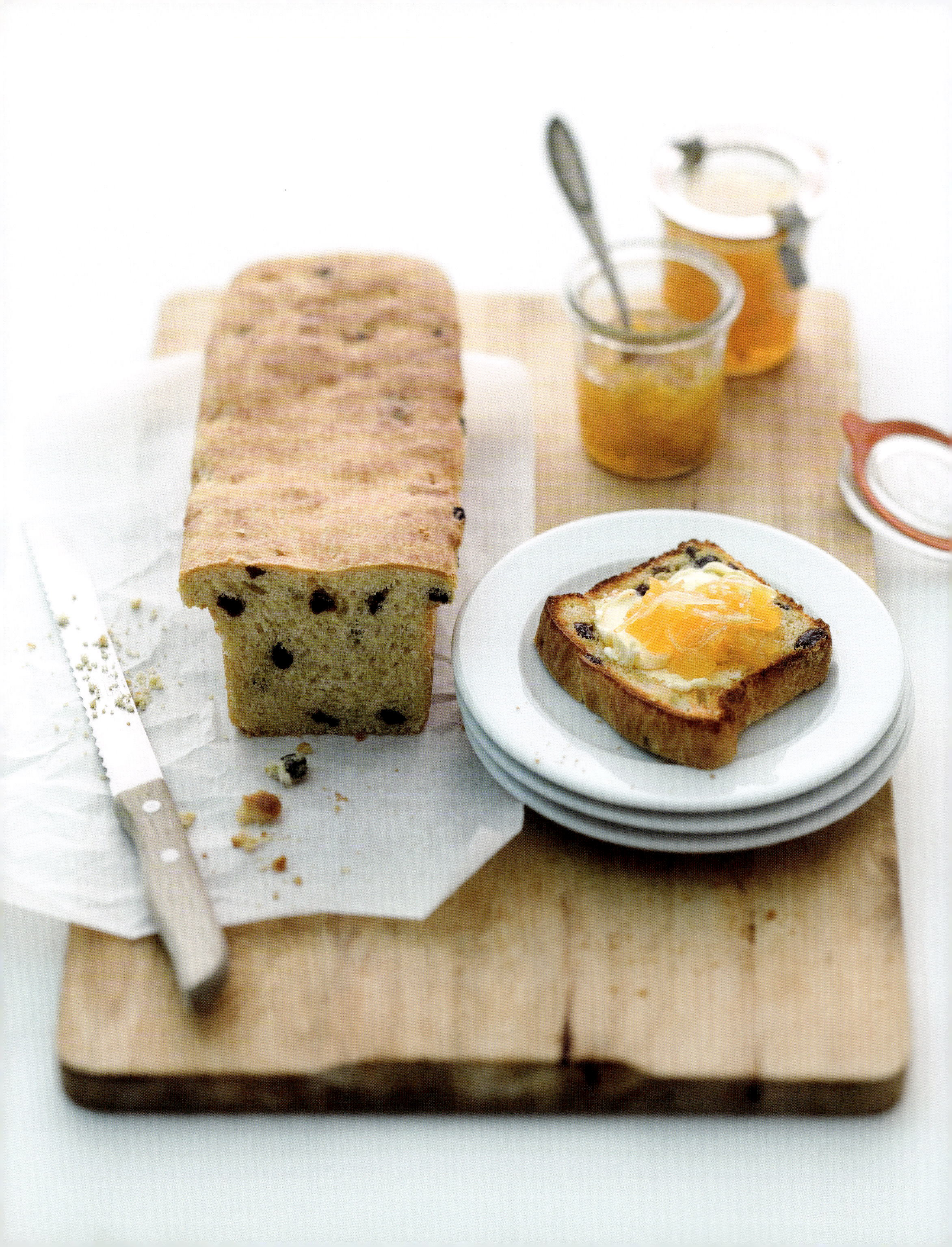

GETOASTETE ROSINEN-BRIOCHE MIT ZITRONEN-ANANAS-INGWER-KONFITÜRE
FÜR 4 PERSONEN

Für die Brioche alle Zutaten in einer Knetmaschine zu einem geschmeidigen Teig verarbeiten und über Nacht in den Kühlschrank stellen.

Teig am nächsten Tag aus dem Kühlschrank nehmen, auf Zimmertemperatur bringen, nochmals kurz kneten und in eine ausgefettete Cakeform von 25 Zentimeter Länge geben. Mit zerlassener Butter bestreichen und 3 Stunden an einem warmen Ort abgedeckt gehen lassen, bis sich das Volumen verdoppelt hat.

Backofen auf 175 °C vorheizen und Brioche nach Möglichkeit 12 Minuten mit Dampf bei geschlossenem Zug anbacken. Danach 15 Minuten bei offenem Zug fertigbacken.

Für die Konfitüre 4 sterilisierte Gläser à 250 g bereitstellen. Pektin und 165 g Zucker mischen. Die Zitronen in einem Topf mit kaltem Wasser ansetzen und zum Kochen bringen und 40 Minuten ziehen lassen. Die Zitronen dann mit kaltem Wasser abspülen und halbieren. Das Fruchtfleisch mit einem Esslöffel herauskratzen und die Kerne entnehmen.

Das Weisse der Zitronenschale auskratzen, bis nur noch die gelbe Zeste übrig bleibt. 25 g davon in feine Streifen schneiden. Ingwer schälen und in feine Streifen schneiden. Ananaswürfel, ausgeschabtes Zitronenfleisch, Zitronenschale und Ingwer aufkochen und bei schwacher Hitze 15 Minuten sanft kochen lassen; regelmässig umrühren.

Den Kristallzucker zufügen und gut umrühren. Dabei weitere 20 Minuten köcheln lassen, bis die Konfitüre klar und glänzend wird. Nun die Gelierzucker-Pektin-Mischung zufügen, gut umrühren und nochmals 10 Minuten köcheln lassen. Vom Herd nehmen und den Schaum abschöpfen. In vorbereitete Gläser füllen und luftdicht verschliessen.

Zum Anrichten Brioche in Scheiben schneiden, toasten und mit der Konfitüre servieren.

FÜR DIE BRIOCHE
250 g Mehl
20 g Zucker
4 g Salz
12 g Hefe
40 ml Wasser
3 kleine Eier
100 g Butter
50 g (gelbe) Rosinen
25 g flüssige Butter, zum Bestreichen der Brioche

FÜR DIE KONFITÜRE
9 g Pektin
165 g Kristallzucker
300 g Kristallzucker
670 g Ananasfleisch, klein gewürfelt = ca. 1 ganze Ananas
5 Zitronen, warm gewaschen
25 g Zitronenschale
65 g junger Ingwer

HEIKO NIEDER
THE RESTAURANT
THE DOLDER GRAND
8032 ZÜRICH
WWW.THEDOLDERGRAND.COM

WAS HABEN SIE SICH ALS KIND ZUM GEBURTSTAGSESSEN GEWÜNSCHT?
Entweder wollte ich eine Erdbeertorte oder eine geeiste Orangenquarktorte von meiner Mutter. Das war eine Spezialität meiner Mutter, und ich durfte als kleiner Junge immer mithelfen die Torte zu backen, sie war relativ einfach in der Zubereitung. Aber es war ein richtiges Abenteuer sie zu essen – man musste sich erst durch die 8 Zentimeter dicke geeiste Quarkschaumschicht kämpfen, bevor man zum Besten kam: dem Nougat-Zwiebackboden. Eigentlich habe ich mich schon beim ersten Gäbelchen Torte insgeheim auf den knusprigen Boden gefreut.

WAS WAR IHR ERSTES GERICHT, DAS SIE SELBER KOCHEN KONNTEN?
Ich habe ganz simpel angefangen, nämlich mit Rührei und Wiener Würstchen. Aber ich hab es gerne gekocht und gegessen.

IN WELCHEN MOMENTEN SIND SIE ALS KOCH AM GLÜCKLICHSTEN?
Mich macht das Kreieren und Entwickeln neuer Gerichte glücklich. Und wenn die Gäste auch begeistert sind und diese Freude mit mir teilen, ist das das Beste!

SIE MÖGEN GÄSTE, DIE SAGEN: „KOMM, ÜBERRASCHE MICH!" WIE GELINGT DAS?
Zum Beispiel mit dem Geschmack. Ich hab kürzlich einen einfachen Tomaten-Mozzarella-Salat zubereitet, der mit Kiwi und Mangoessig verfeinert wurde. Das war geschmacklich die absolute Wucht, das erwartet man gar nicht. Also wer mit besten, reifen Produkten etwas kreieren kann, das nicht nur geschmacklich harmoniert, sondern auch so erfrischt und damit überrascht, schafft das im Nu.

SIE HABEN UNS DAS REZEPT FÜR DIE LINZERTORTE IHRER FRAU VERRATEN. WAS MACHT DIESE TORTE FÜR SIE SO UNWIDERSTEHLICH?
Ich kann die Linzer meiner Frau einfach so wegessen, obwohl ich früher Linzertorte gar nicht mochte. Aber meine Frau verwendet weniger Zucker als die üblichen Rezepte, und ich liebe die Sonnenblumenkerne im Teig, die so schön knuspern. Und dann die hausgemachte Brombeermarmelade ... und vor allem ist alles mit viel Liebe gebacken!

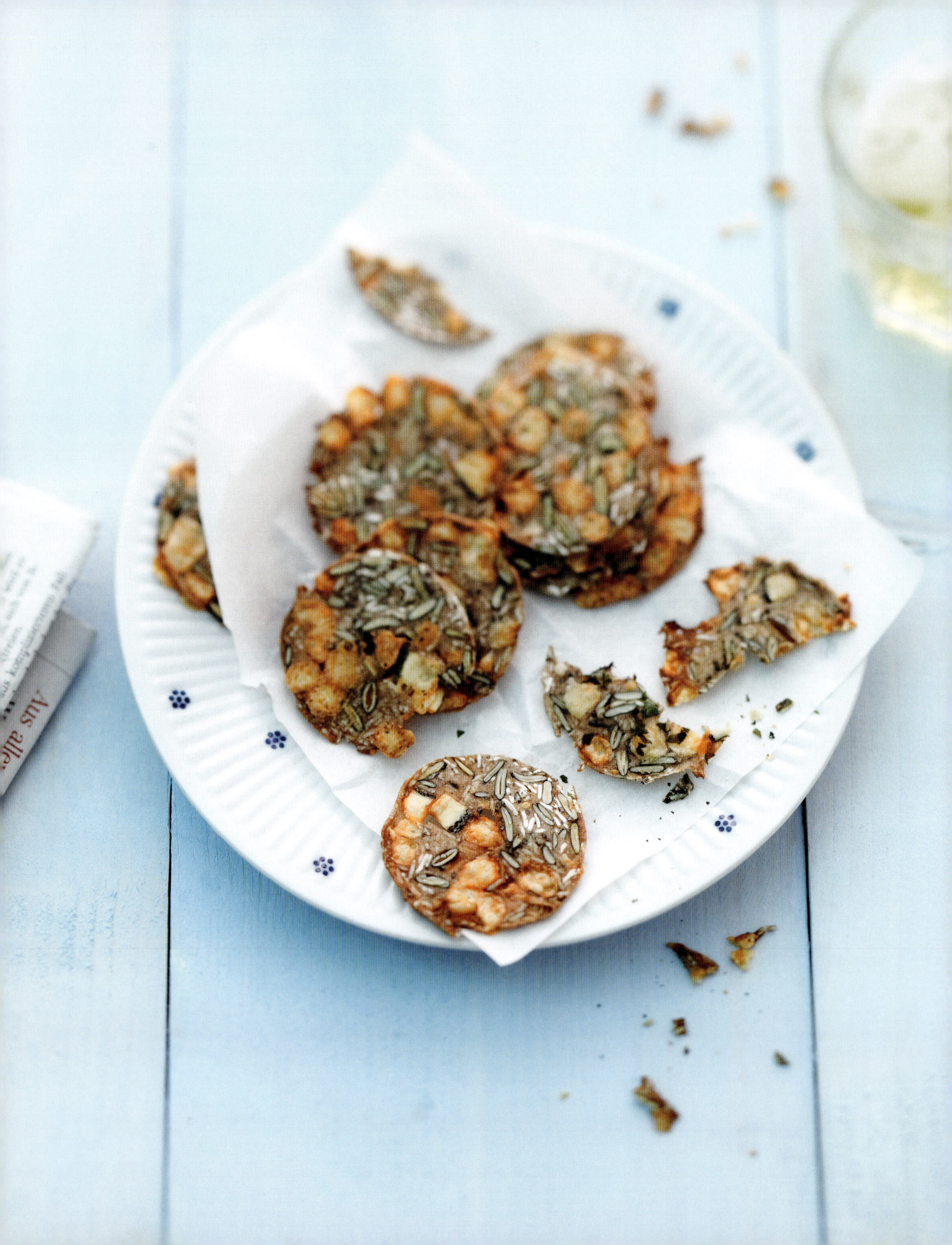

MEINE LIEBSTEN BROTCHIPS
FÜR 4 PERSONEN

Für die Brotchips aus Roggenflocken, Roggenmehl, Wasser, Hefe, Kümmel, Salz, Zitronenzesten, Liebstöckel und Kürbiskernen einen Teig herstellen. Ganz zum Schluss den fein gewürfelten Käse vorsichtig daruntergeben, zu einer Rolle formen und in Klarsichtfolie packen. Im Tiefkühler fest werden lassen.

Den Ofen auf 200 °C vorheizen.

Die gefrorene Rolle mit der Aufschnittmaschine in feine Scheiben/Chips schneiden. Auf ein mit Backtrennpapier belegtes Blech legen und im Ofen 3 bis 5 Minuten backen.

TIPP
Diese Brotchips esse ich am liebsten an einem langen TV-Abend. Sie schmecken aber auch wunderbar zu einem Salat oder als Beilage zu einem Apéro.

200 g Roggenflocken
400 g Roggenmehl
500 ml Wasser
25 g Hefe
20 g Kümmel
40 g Salz
1 TL Zitronenzesten
175 g Kürbiskerne
400 g Fridolin-Käse, klein gewürfelt
(oder anderer Vollmilchkäse, mit Schabziger affiniert)
30 g Liebstöckel, getrocknet

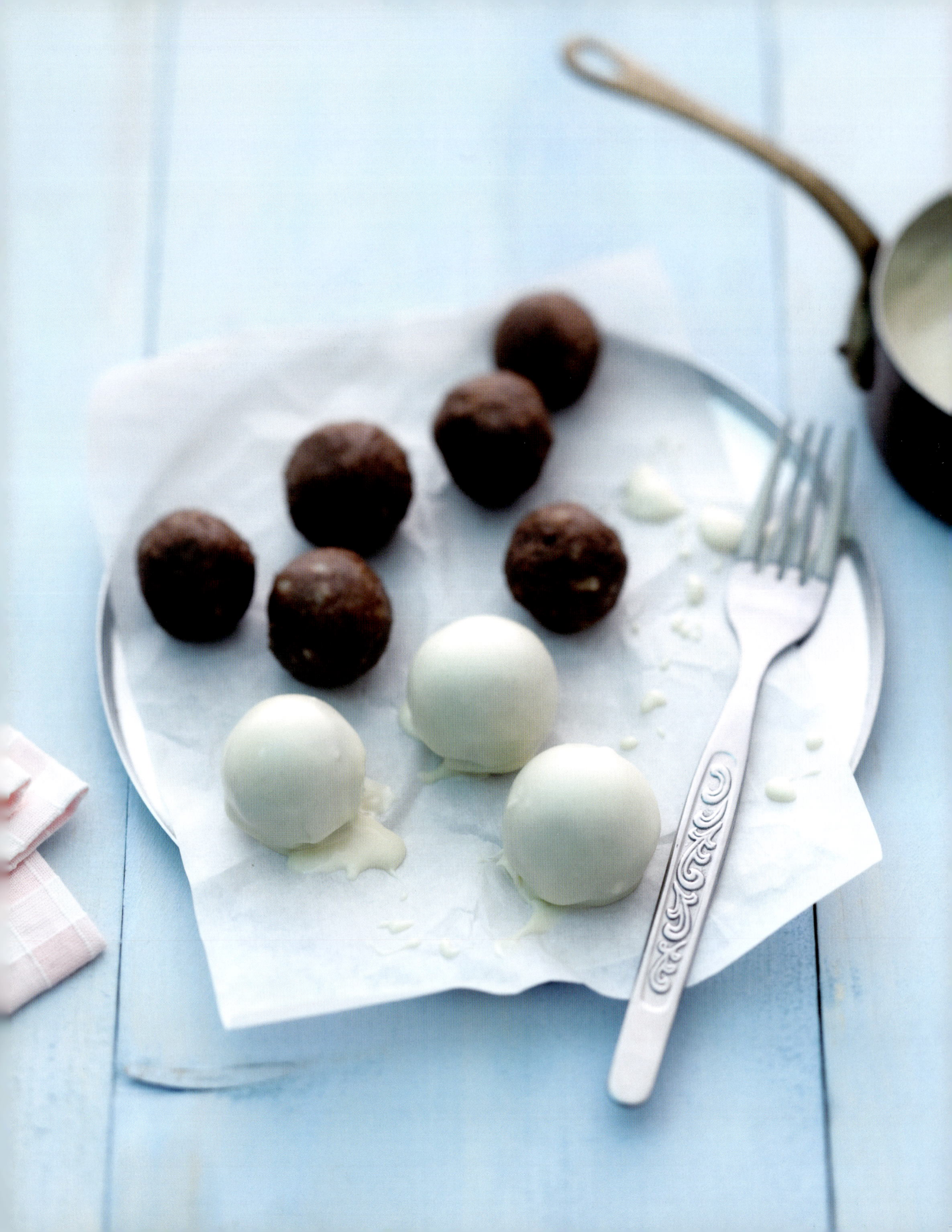

PRICKELNDE MACADAMIANUSS-PRALINES
FÜR 4 PERSONEN

Für die Pralinen die Vollmilch-Kuvertüre mit der Macadamianuss-Paste, Salz und Zitronenpaste über einem Wasserbad auflösen. Dabei darauf achten, dass kein Wasser oder andere Flüssigkeit in die Schüssel gelangt! Zum Schluss Peta Zeta und die gehackten Macadamianüsse dazugeben.

Masse zu Kugeln formen und im Tiefkühler anfrieren lassen. Zum Schluss die weisse Kuvertüre über einem Wasserbad schmelzen und Pralinen damit überziehen.

150 g Vollmilch-Kuvertüre
250 g Macadamianuss-Paste
Salz
etwas Zitronenpaste
100 g Peta Zeta (essbare Knallbrause)
100 g Macadamianüsse, gehackt, geröstet
weisse Kuvertüre, zum Überziehen

UNSERE LINZERTORTE
FÜR 4 PERSONEN

Den Ofen auf 175 °C (Umluft) vorheizen. Eine Spring- oder Tarteform von zirka 22 Zentimeter Durchmesser buttern und mit Mehl bestäuben.

Für den Teig alle Zutaten in die Küchenmaschine geben und zu einem Teig verarbeiten. Zu einer Kugel formen, flach drücken und in Klarsichtfolie einschlagen. Etwa eine halbe Stunde kühl stellen.

Etwa ein Drittel des Teiges für den Rand beiseitelegen. Den Teig rund auswallen und in die vorbereitete Springform geben. Den Teig für den Rand entweder dekorativ ausstechen und den Rand damit verzieren. Oder Teig zu einer Rolle formen und diese am Teigrand anbringen, nach Belieben mit einer Gabel eindrücken.

Den Boden nicht zu knapp mit der Brombeermarmelade bestreichen und mit den Mandelblättchen bestreuen.

Das Eigelb mit etwas Milch und einer Prise Salz verquirlen und den Teig damit bestreichen.

Linzer für zirka 30 bis 40 Minuten in der Mitte des vorgeheizten Ofens backen.

FÜR DEN TEIG
200 g Mehl
1 TL Backpulver
125 g Zucker
1 Vanilleschote
2 Eier
125 g Butter
125 g Mandelgriess
80 g Sonnenblumenkerne, geröstet, grob gehackt
1 Zitrone, abgeriebene Schale
Salz
etwas Nelkenpulver, Zimt, geriebene Tonkabohne

FÜR DEN BELAG
ca. 200 g hausgemachte Brombeermarmelade von selbstgepflückten Brombeeren
eine Hand voll Mandelblättchen
1 Eigelb
wenig Milch

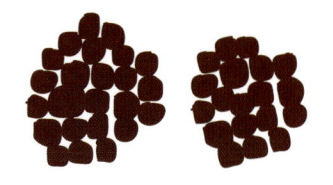

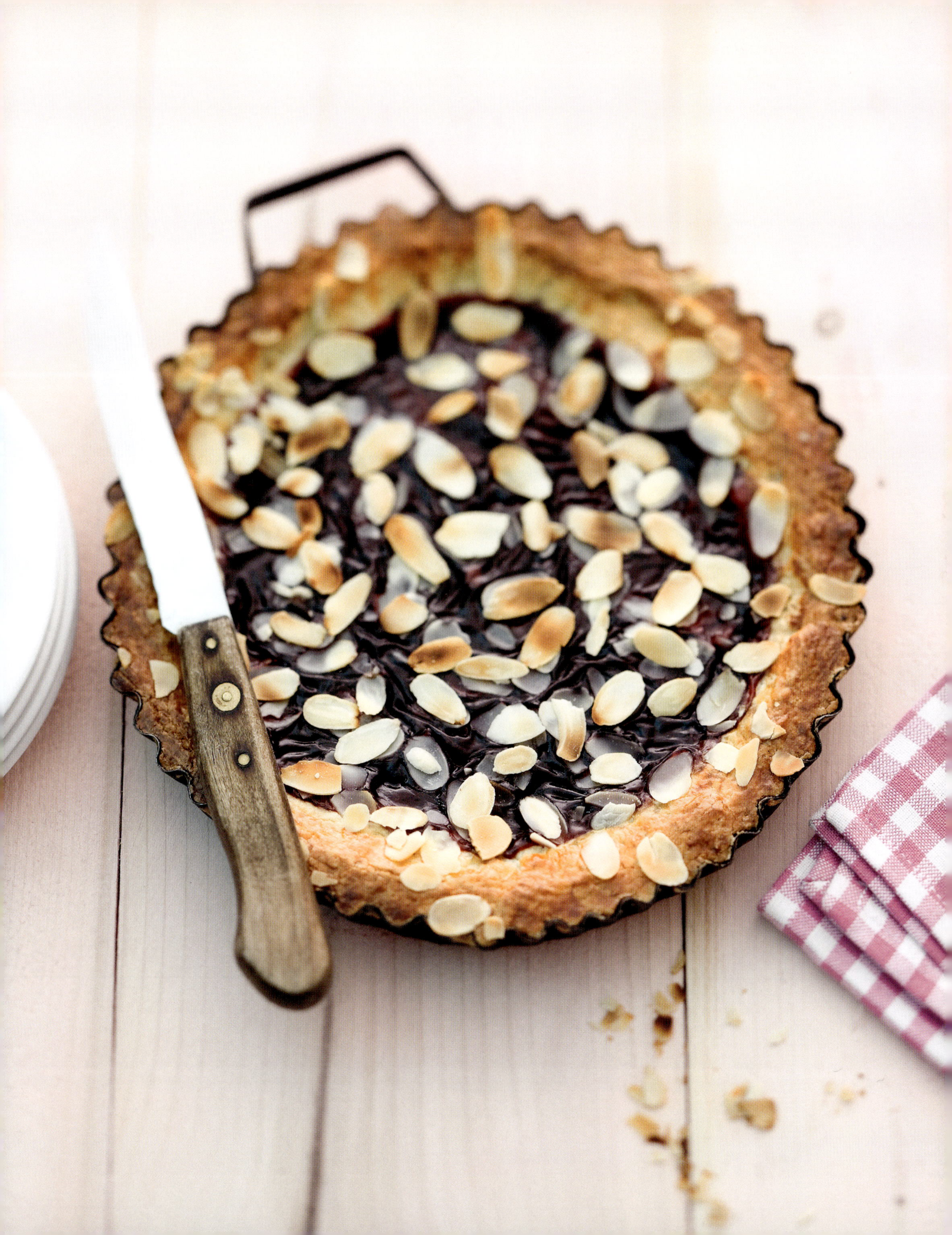

MARKUS NEFF
RESTAURANT FLETSCHHORN SAAS FEE
WALDHOTEL FLETSCHHORN
3906 SAAS FEE
WWW.FLETSCHHORN.CH

WELCHE SCHÖNEN ERINNERUNGEN VERBINDEN SIE MIT IHREM KAISERSCHMARRN?
Ich bin katholisch erzogen worden, da gab es am Freitag kein Fleisch. Wir waren eine bescheidene Familie, es wurde ein Haus gebaut, meine Geschwister haben studiert – da reichte es am Freitag auch nicht für einen Fisch.
Dafür gab es Kaiserschmarrn mit einem selbstgemachten Apfelmus. Ist das nicht wunderbar? – Ich mag noch heute das Spiel von warmem Kaiserschmarrn und kaltem Apfelmus. Damit ist das Gericht eine schöne Kindheitserinnerung.

WAS IST IHRE LIEBSTE ZUTAT IN DER KÜCHE?
Ohne Butter geht bei mir gar nichts in der Küche. Egal ob Desserts, warme oder kalte Küche, ohne Butter ginge es nicht. Wir backen im Fletschhorn ein Sauerteigbrot, und ich denke mir oft: Eine Scheibe Sauerteigbrot und etwas Butter drauf, das ist doch der Hammer! Auch die Saucen verfeinere ich am liebsten mit etwas Butter. Man kann sagen, das sei altmodisch, aber das feine Aroma, die Konsistenz schafft man nur mit Butter. Dabei gilt aber die Regel «weniger ist mehr». Wenn der Kartoffelstock mit anständig viel Butter gemacht wird, dann wird er nicht tellerweise serviert, sondern ist der kleine, feine Luxus auf dem Teller.

SIE ZAUBERN EINE KÖSTLICHE SUPPE AUS SAUERKRAUT. IST AUCH DAS EIN GERICHT AUS IHRER KINDHEIT?
Natürlich! Wir sassen damals alle um den Familientisch, und es gab diese feine Suppe. Keiner wusste, was genau in dieser hellen Suppe steckt. Es war zu einer Zeit, als kein Blumenkohl im Garten wuchs. Mutter hatte in der Not einfach das Sauerkraut zu einer Suppe verarbeitet. Ein herrliches Gericht, das ich heute im Winter als Amuse-Bouche meinen Gästen serviere. Oftmals ist es dann so, dass die Gäste das Menu gut fanden, aber sie erkundigen sich am Ende nach der feinen Suppe! – Mir gefällt das, es ist eine Rückkehr zum Ursprünglichen, weg vom ewig Exklusiven. Wir suchen und finden wieder vermehrt Inspiration im Einfachen.

IN WELCHEN MOMENTEN SIND SIE AM GLÜCKLICHSTEN IN DER KÜCHE?
Wenn ich das Resultat meiner Arbeit sehe: Wenn die Gerichte gelingen, die Gäste zufrieden nach Hause gehen. Aber auch wenn auf gut Deutsch «die Bude läuft»; wenn ich morgens schön einkaufen kann, wenn die Töpfe dampfen, wenn ein Teller nach dem anderen aus der Küche geschickt wird. Dann bin ich eigentlich am glücklichsten.

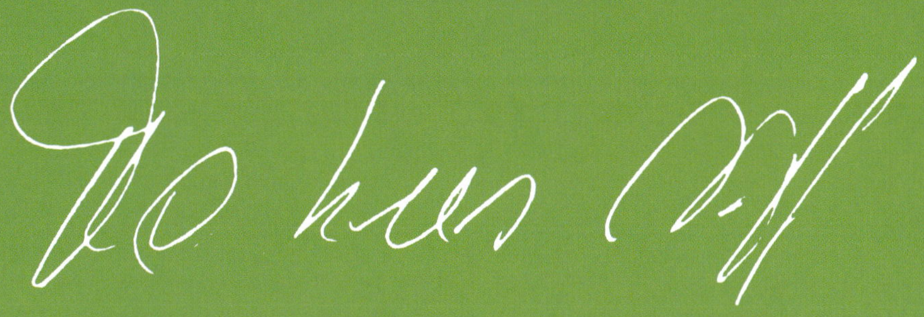

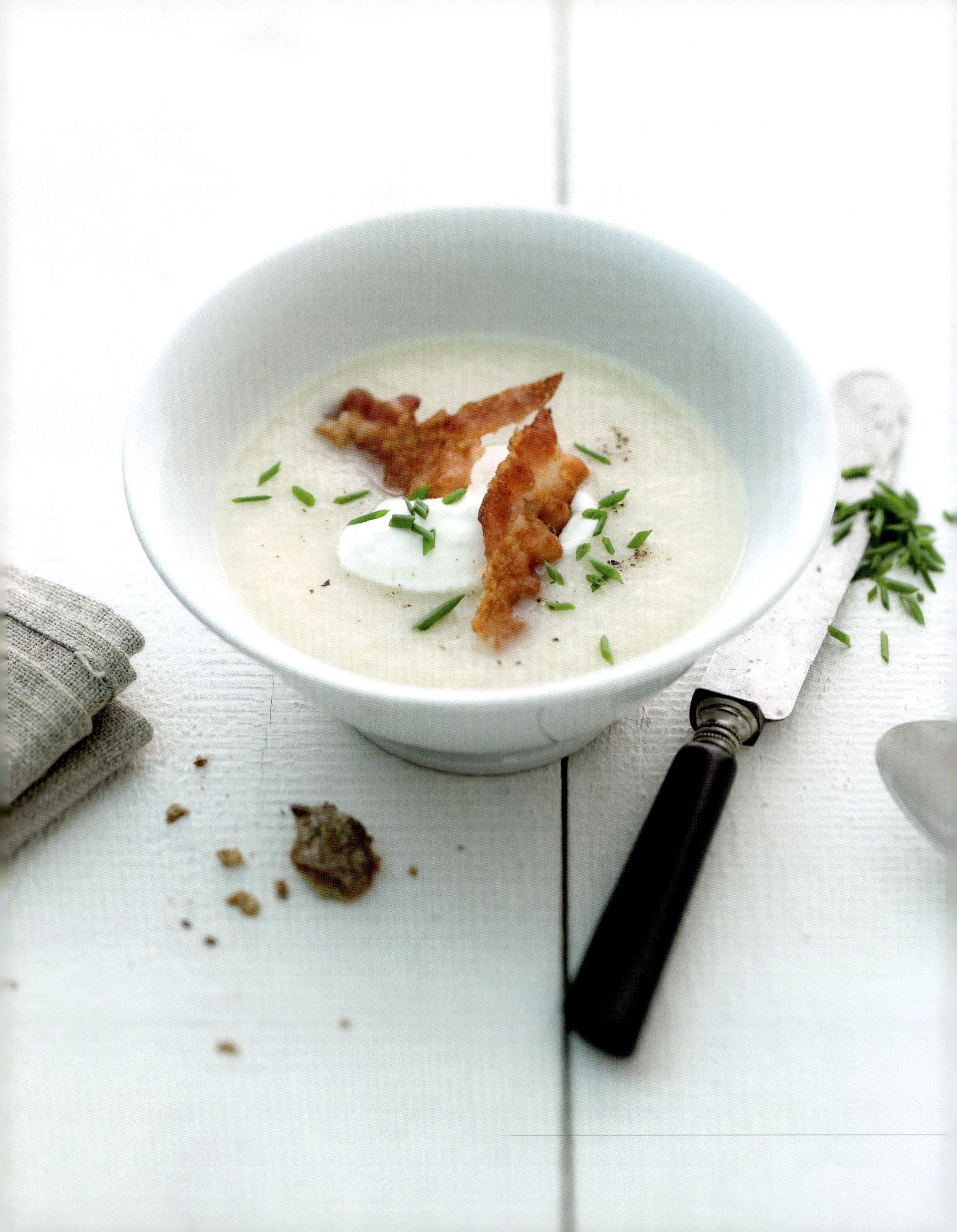

SAUERKRAUTSUPPE MIT GEBRATENEM SPECK
FÜR 4 PERSONEN

Für die Suppe das Sauerkraut kurz durchwaschen und abtropfen lassen. Die Bratbutter in eine Pfanne geben und Zwiebelringe und Speckwürfel kurz anziehen, sie dabei aber keine Farbe annehmen lassen. Dann das Sauerkraut dazugeben. Die Zutaten mit dem Gemüsefond bedecken und zirka 1½ Stunden köcheln lassen. Suppe im Auge behalten und nach und nach etwas Gemüsefond oder ersatzweise Wasser dazugeben.

Speckwürfel aus der Suppe nehmen, Suppe im Mixer pürieren.

Bratspeck in einer Bratpfanne knusprig braten.

Suppe in Suppenschüsselchen oder -teller anrichten, mit einer Nocke geschlagenem Rahm, knusprigem Speck und frischem Schnittlauch garnieren.

500 g Sauerkraut, roh
½ Zwiebel, in Streifen geschnitten
etwas Bratbutter
50 g Speck, in groben Würfeln
4 Scheiben Bratspeck
1 l Gemüsefond (oder Wasser)
4 TL Vollrahm, geschlagen
frische Kräuter, z. B. Schnittlauch

MEIN KAISERSCHMARRN
FÜR 4 PERSONEN

Für den Kaiserschmarrn Eigelbe mit der Milch und Mehl verrühren. Eiweisse mit einer Prise Salz und Zucker locker steif schlagen und unter die Eigelbmasse ziehen.

Etwas Bratbutter in einer Bratpfanne schmelzen, Teigmasse eingiessen und mit Rosinen bestreuen. Bei mittlerer Hitze garen, bis die Unterseite schön gebräunt ist. Teig wenden und auf der anderen Seite ebenfalls anbräunen lassen.

Kaiserschmarrn mit Hilfe von zwei Paletten oder Holzkellen in Stücke schneiden und aus der Pfanne nehmen.

In der Pfanne 2 bis 3 EL Zucker karamellisieren lassen, Kaiserschmarrn wieder dazugeben und alles gut vermischen.

Zum Servieren Kaiserschmarrn auf tiefen Tellern anrichten und mit Puderzucker bestreuen.

TIPP
Besonders gut schmeckt der Kaiserschmarrn, wenn man ihn mit Apfelmus, Früchtekompott oder frischen Beeren serviert.

2 Eigelb
250 ml Milch
120 g Mehl
2 Eiweiss
je 1 Prise Salz und Zucker
Bratbutter
eine Hand voll Rosinen
etwas Puderzucker
2–3 EL Zucker

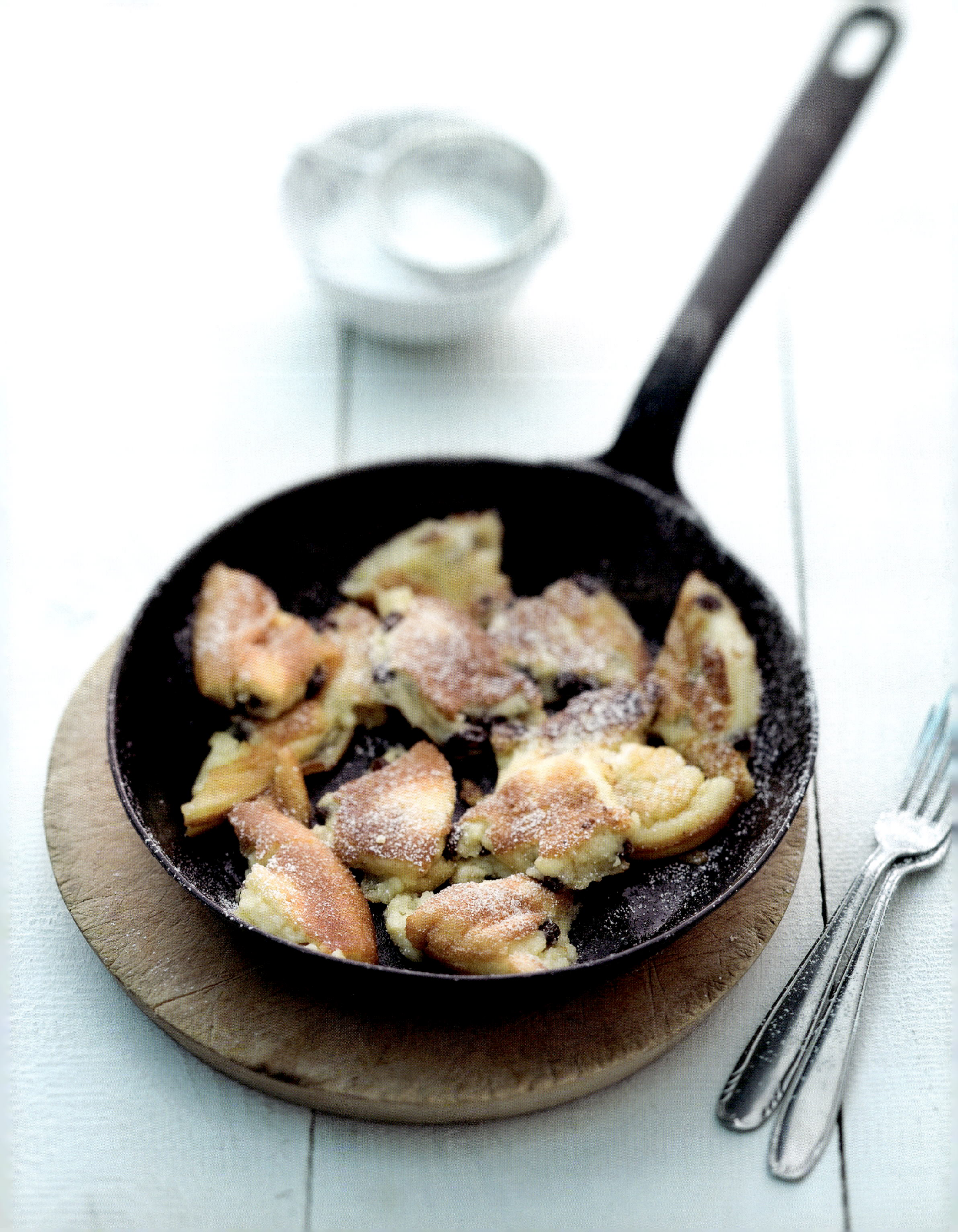

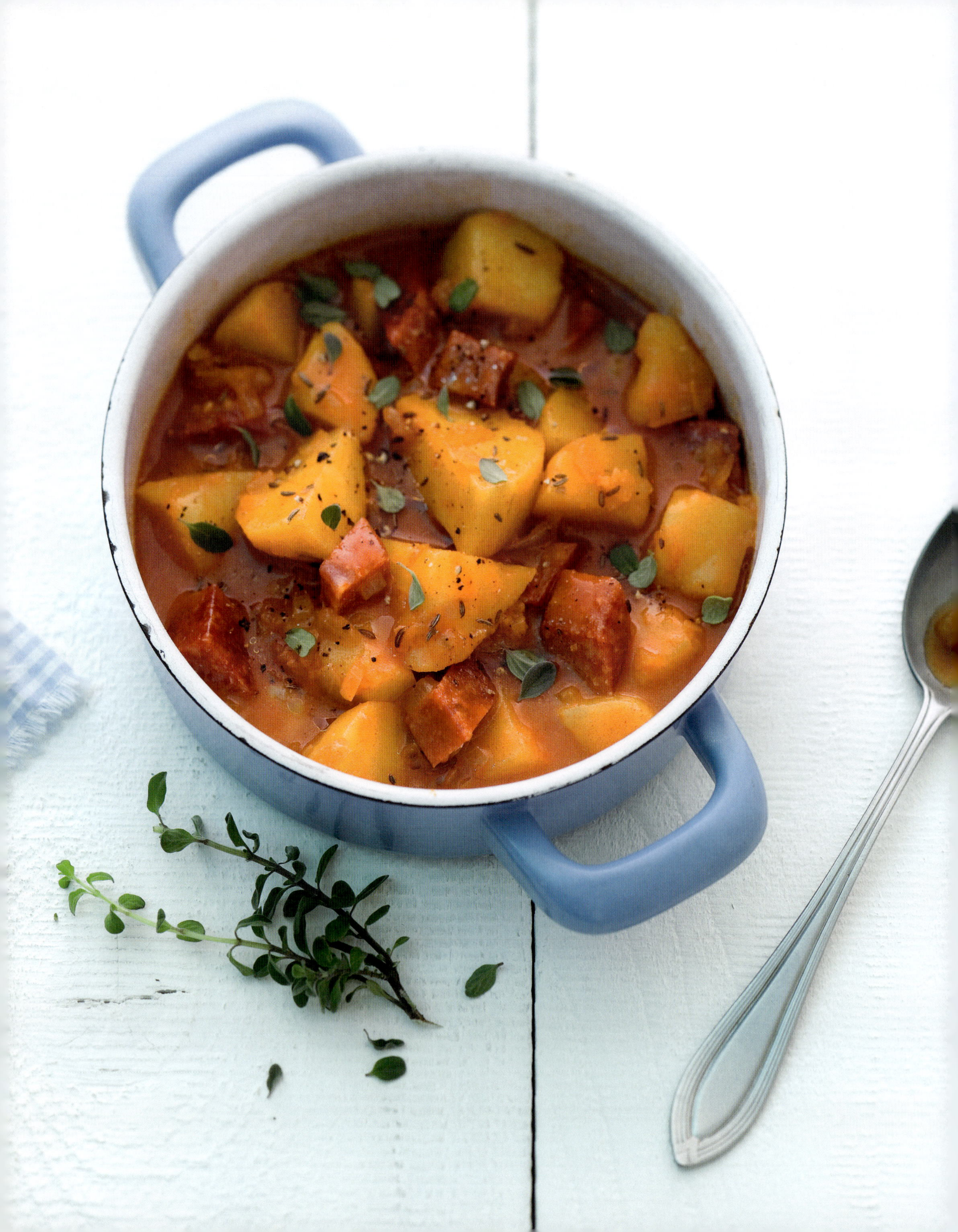

KARTOFFELGULASCH
FÜR 4 PERSONEN

Für das Gulasch erst Zwiebeln und Knoblauch schälen und fein hacken. Beides in etwas Butter anziehen lassen.

Die Kartoffeln in walnussgrosse Stücke schneiden und zugeben. Den Paprika zugeben und sanft mitrösten, Gemüsefond dazugeben und mit Salz, Pfeffer und Kümmel würzen. Gulasch so lange kochen, bis die Kartoffeln noch leichten Biss haben. Dann Trockenwurst würfeln, dazugeben und Gulasch fertig garen.

Vor dem Servieren nach Belieben mit frischen Kräutern bestreuen.

2 Zwiebeln
2 Knoblauchzehen
Butter
2 kg Bintje-Kartoffeln, geschält
40 g Paprika, edelsüss
1½ l Bouillon oder Gemüsefond
Salz, Pfeffer und Kümmel
200 g Trockenwurst
(z.B. Saaser Knoblauchwurst,
österreichische Dürre oder Landjäger)
frische Kräuter (z.B. Thymian),
zum Garnieren

CLAUDE FRÔTÉ
RESTAURANT BOCCA
AVENUE BACHELIN 11
2072 SAINT BLAISE, PRÈS DE NEUCHÂTEL
WWW.LE-BOCCA.COM

WONACH HAT IHRE KINDHEIT GEDUFTET?
Da ist der Duft von selbstgemachter Konfitüre und frisch geschnittenen Kräutern. Und natürlich nach dem Braten, den meine Mutter noch heute – sie ist 87 Jahre alt – so gut kocht. Sie ist eine hervorragende Köchin und verwöhnt uns noch heute sonntags mit ihrem Talent am Herd.

WELCHES IST IHRE LIEBSTE ZUTAT IN DER KÜCHE UND WARUM?
Ich mag eigentlich alle Lebensmittel, aber natürlich auch alle Gewürze. Sie laden einen zu einer kulinarischen Reise ein, einer kulinarischen Entdeckungsreise der Welt. Die Inspiration zum Kochen sammle ich darum oftmals auch auf Reisen in ferne Länder.

WARUM SIND SIE BEIM KOCHEN GLÜCKLICH?
Als Koch bin ich ein Händler des Glücks! Am Tisch entsteht Kommunikation, Freundschaft. Wir sitzen am Tisch und teilen nicht nur ein schönes Essen, sondern auch unsere Zeit. Das ist für mich Glück!

WAS LAGERT IMMER IN IHREM KÜHLSCHRANK?
Immer ein feiner Parmaschinken und Salami. Ein Stück feiner Greyerzer und Weisswein! So sind wir auch für einen unverhofften Besuch immer bestens gerüstet und können jederzeit kleine, schöne Köstlichkeiten auftischen.

GIBT ES EIN GERICHT, DAS SIE FÜRS LEBEN GERNE ESSEN?
Ich esse eigentlich alle Gerichte gerne, solange sie mit regionalen, saisonalen Zutaten gekocht sind. So schmeckt eigentlich alles gut! Ich denke mir oft, dass ein Lieblingsessen eine Verbindung von verschiedenen Gerichten ist, und am Schluss entsteht daraus ein harmonisches Ganzes.

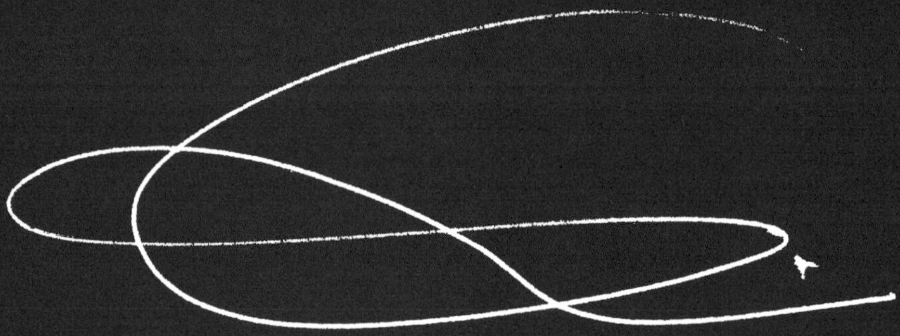

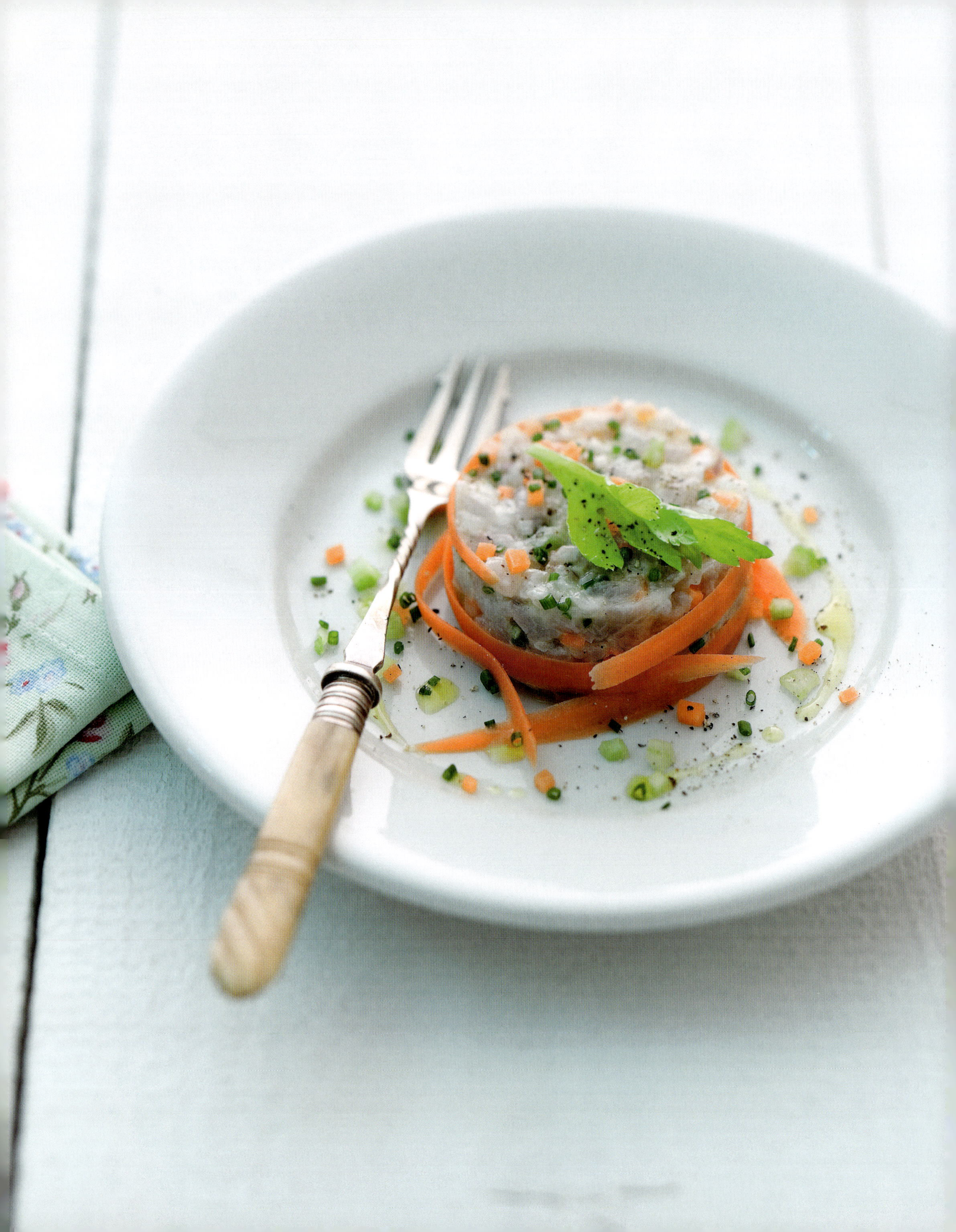

TATAR AUS NEUCHÂTELER FELCHEN
FÜR 4 PERSONEN

Für das Tatar erst die Karotte mit Hilfe des Sparschälers in Tagliatelle schälen. Dabei genug Karottenbänder beiseitelegen, um die Backformen damit auszulegen. Den Rest in kleinste Würfel schneiden. Die Karottenbänder kurz blanchieren, sofort kalt abschrecken und auf einem Küchentuch trocknen lassen.

Die Fischfilets mittelfein mit dem Fleischwolf oder von Hand hacken.

Zum Anrichten den gehackten Fisch, 1 TL Schalotte, 1 EL Zitronensaft, 1 EL Sellerie, 1 EL Schnittlauch, je eine Prise Salz und Cayennepfeffer mit 1 EL Karottenwürfelchen mit dem Rahm und dem Olivenöl verrühren.

Backringe auf vier Teller geben und mit der Mischung füllen, Oberfläche glatt streichen. Ring entfernen und Tatar mit den Karottenbändern ummanteln. Mit den restlichen Karottenwürfelchen und Schnittlauch ausgarnieren und sofort servieren.

360 g Felchenfilets, enthäutet
½ Schalotte, fein gehackt
1 grosse Karotte, geschält
10 cm Selleriestange, in feinste Würfel geschnitten
15 Stängel Schnittlauch, fein gehackt
4 EL Rahm
Olivenöl
1 EL Zitronensaft
Salz, Pfeffer, Cayennepfeffer

4 Backringe von ca. 10 cm Durchmesser

KÜRBIS-PARMESANRAVIOLI MIT AMARETTIHAUCH
FÜR 4 PERSONEN

Für den Pastateig Mehl, Griess und Salz vermischen und eine Mulde bilden. Eier leicht verquirlen, mit dem Olivenöl in die Mulde geben und zu einem Teig verarbeiten. In Klarsichtfolie packen und kalt stellen.

In der Zwischenzeit den Kürbis weich garen, dann für 10 Minuten bei 180 °C im Ofen trocknen lassen. Durch die Kartoffelpresse drücken und sofort mit den restlichen Zutaten für die Füllung vermischen, dann kühl stellen.

Den Nudelteig mit der Nudelmaschine dünn ausrollen. Für die Ravioli mit einem etwa 5 Zentimeter runden Ausstecher Kreise ausstechen. Jeweils eine walnussgrosse Menge der Füllung daraufgeben, Ränder mit kaltem Wasser bestreichen, mit einem weiteren Nudelkreis bedecken und Ränder gut andrücken. Mit dem restlichen Teig so weiterfahren.

Zum Anrichten die Nussbutter schmelzen. Die Ravioli für zirka 1,5 Minuten in leicht kochendem Wasser ziehen lassen, abschöpfen und auf vorgewärmten Tellern anrichten. Mit Amaretti, Parmesan und schwarzem Pfeffer ausgarnieren und mit der Nussbutter übergiessen. Sofort servieren.

FÜR DEN NUDELTEIG
375 g Mehl
60 g Weichweizengriess
1 Prise Salz
4 EL Olivenöl
3–4 Eier

FÜR DIE FÜLLUNG
500 g Kürbis, roh,
für ca. 160 g gekochtes Kürbispüree
25 g Parmesan, gerieben
40 g Crème fraîche
20 g Peppadewschoten, gehackt
Salz, frisch gemahlener weisser Pfeffer und Cayennepfeffer

FÜR DIE GARNITUR
3 grosse Amaretti, zerbröckelt
schwarzer Pfeffer
geriebener Parmesan
ca. 40 g Nussbutter (oder normale Butter)

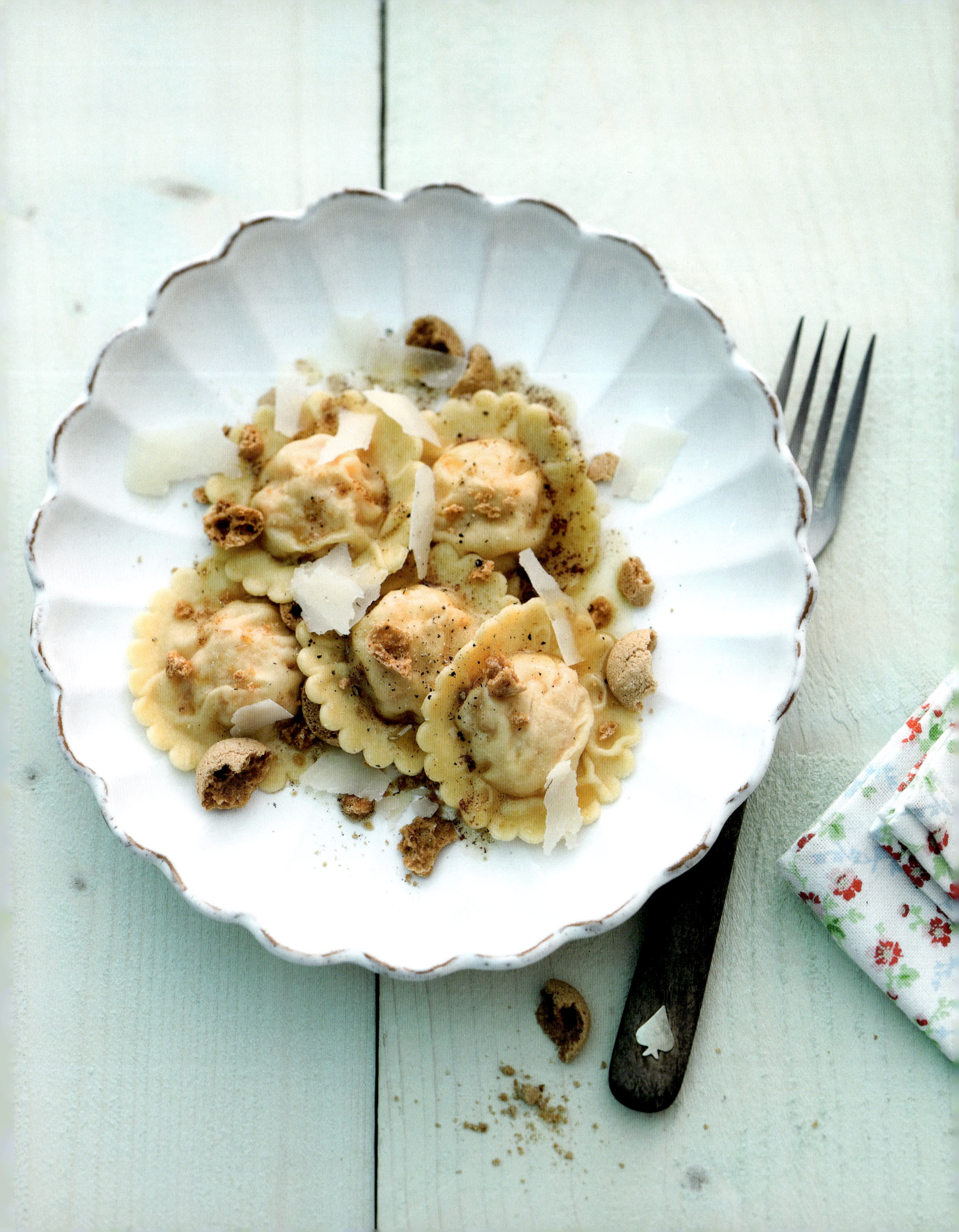

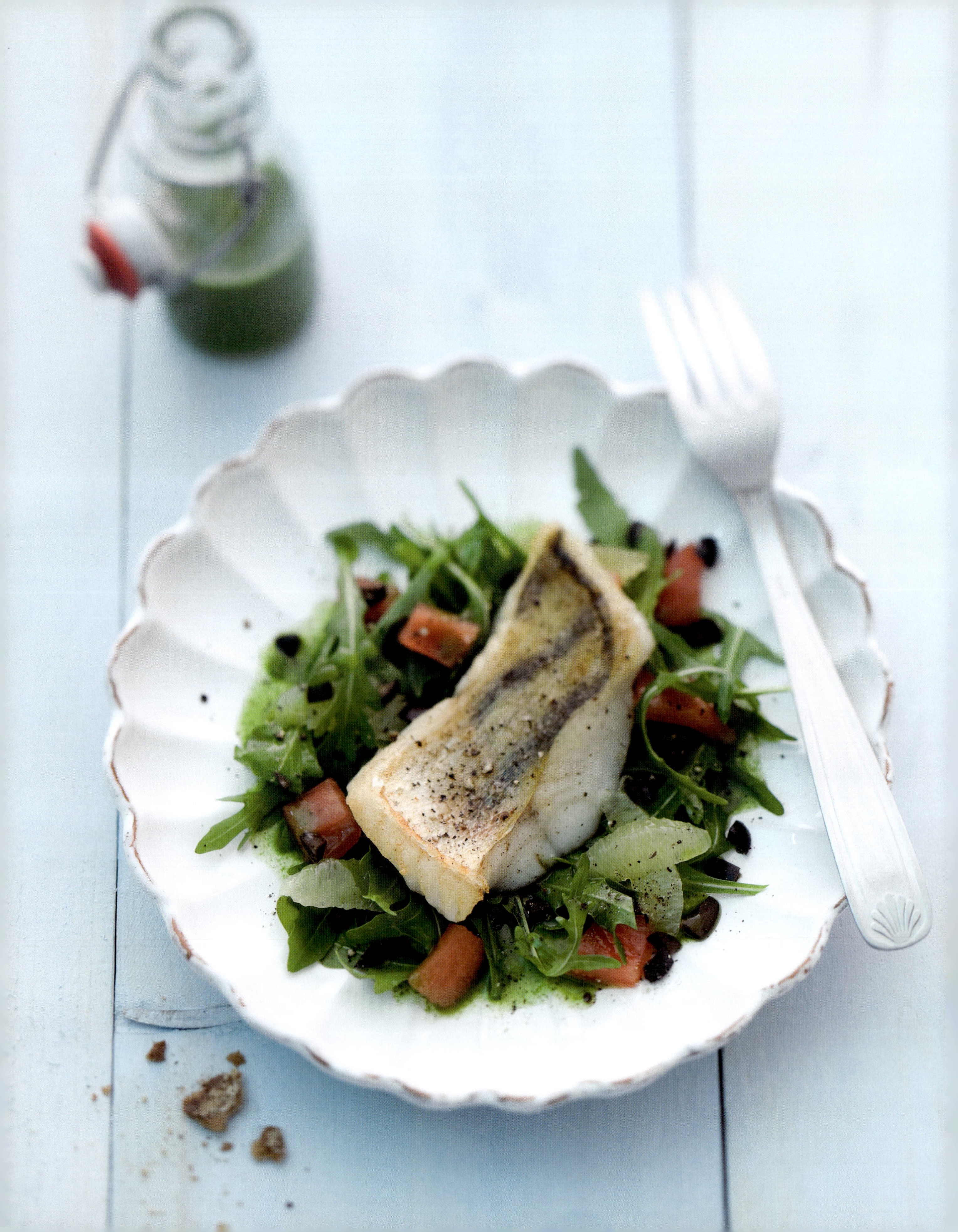

ZANDERFILET AUF RUCOLABETT
FÜR 4 PERSONEN

Am Vortag das Olivenöl auf 140 °C erhitzen. Basilikum in ein hohes Gefäss geben, mit dem warmen Öl übergiessen und mit dem Stabmixer pürieren. Basilikumöl einen Tag lang ziehen lassen. Am nächsten Tag durch ein Teesieb streichen und in eine luftdicht verschliessbare Flasche füllen.

Den Rucola waschen und trocknen. Zitrone schälen, filetieren und das Fruchtfleisch in Würfel schneiden.

Für den Fisch 4 bis 5 Esslöffel Öl in einer grossen Pfanne erhitzen. Fischfilets salzen und pfeffern. Fisch auf der Hautseite zart anbraten und in der Pfanne warm halten.

Zum Anrichten Rucola auf 4 Teller geben, den Zander daraufgeben. Mit den Oliven-, Tomaten- und Zitronenwürfelchen garnieren, mit dem zerstossenen Pfeffer würzen. Etwas Basilikumöl darüberträufeln und sofort servieren.

4 Zanderfilets à 100 g
50 g Rucola
1 Zitrone
100 g schwarze Oliven, entkernt und in kleine Würfelchen geschnitten
2 Tomaten, geschält, entkernt und in Würfelchen geschnitten
schwarzer Pfeffer, zerstossen
Salz, Pfeffer
1 dl Olivenöl
10 g Basilikumblätter
Öl zum Anbraten

RETO LAMPART
GOURMET RESTAURANT LAMPART'S
OLTNERSTRASSE 19
4614 HÄGENDORF
WWW.LAMPARTS.CH

WIESO MACHT GUTES ESSEN DAS LEBEN BESSER?
Ich sage immer: „Wer nicht mehr geniesst, wird ungeniessbar." Im Alltag geht doch alles immer so schnell: „husch-husch" nach Barcelona zum Shoppingtrip, im Arbeitsalltag kann es auch nicht schnell genug gehen. Dabei wäre es für den Körper doch viel besser und auch gesünder, wenn man frisches Essen zu sich nimmt aus den besten Produkten, die in der Nähe wachsen. Dazu ein schönes Ambiente, das ist doch wie Ferien im Alltag, wenn man das Essen geniessen kann. Und in dem Sinne macht das auch ein Leben besser.

UM DIESE QUALITÄT GEHT ES AUCH IN IHREM RESTAURANT. SIE BIETEN DORT „GENUSS-WELLNESS" AN. WIE MUSS MAN SICH DAS VORSTELLEN?
Das ist das Gesamtpaket. Genuss ist ja nicht nur der Gaumen, also das gute Essen. Auch das Herz muss sich wohlfühlen. Die Umgebung muss stimmen, man muss sich wohlfühlen, von der Tischreservation bis hin zum letzten Wort. Das muss alles von Herzen kommen und mit viel Liebe gemacht sein. Das ist meine Idee von „Genuss-Wellness".

WAS IST IHRE LIEBSTE ZUTAT IN DER KÜCHE?
Das ist die Zitrone. Sie gibt eine schöne Säure. Ich mag Zitrusfrüchte einfach: Mit Zitrone oder Bergamotte kann man mit der Säure in einem Gericht spielen, und auch ihre Bitterstoffe machen ein Gericht spannend. Ausserdem wecken sie den Geist und machen fröhlich!

NEBEN ZITRONE MÖGEN SIE AUCH HACKTÄTSCHLI. EINE KINDHEITSERINNERUNG?
Und wie! Mein Vater hat jeweils 5 Kilogramm Hacktätschli zubereitet. Sie passen ja immer, man kann sie kalt oder warm essen, und da bereitet man besser gleich eine grosse Portion zu. In dem Sinne hat meine Kindheit tatsächlich nach Hacktätschli geduftet. Ich bereite sie heute etwas anders zu als mein Vater, aber die schöne Erinnerung, der Duft nach Kindheit bleibt. Ich bin im Kanton Appenzell auf dem Land aufgewachsen. Da duftet es natürlich auch nach frischem Heu, nach Natur! Wir durften damals am Bach spielen und mit dreckigen Hosen zum Nachtessen nach Hause kommen. Das ist doch eine Lebensqualität, oder?

UND ZUM NACHTESSEN GAB ES DANN EINBACK MIT ERDBEEREN?
Weil meine Mutter berufstätig war, hatte sie nicht immer so viel Zeit grosse Menus zu kochen. Also hat sie den Einback genommen und schön in Butter ausgebacken. Dazu die süssen, marinierten Erdbeeren! Wenn ich wusste, dass es Einback mit Erdbeeren gab, bin ich vor lauter Vorfreude immer etwas schneller vom „Tschutten" nach Hause gerannt.

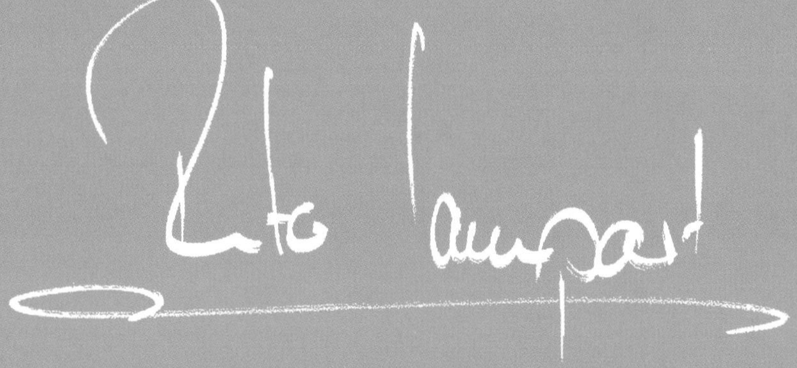

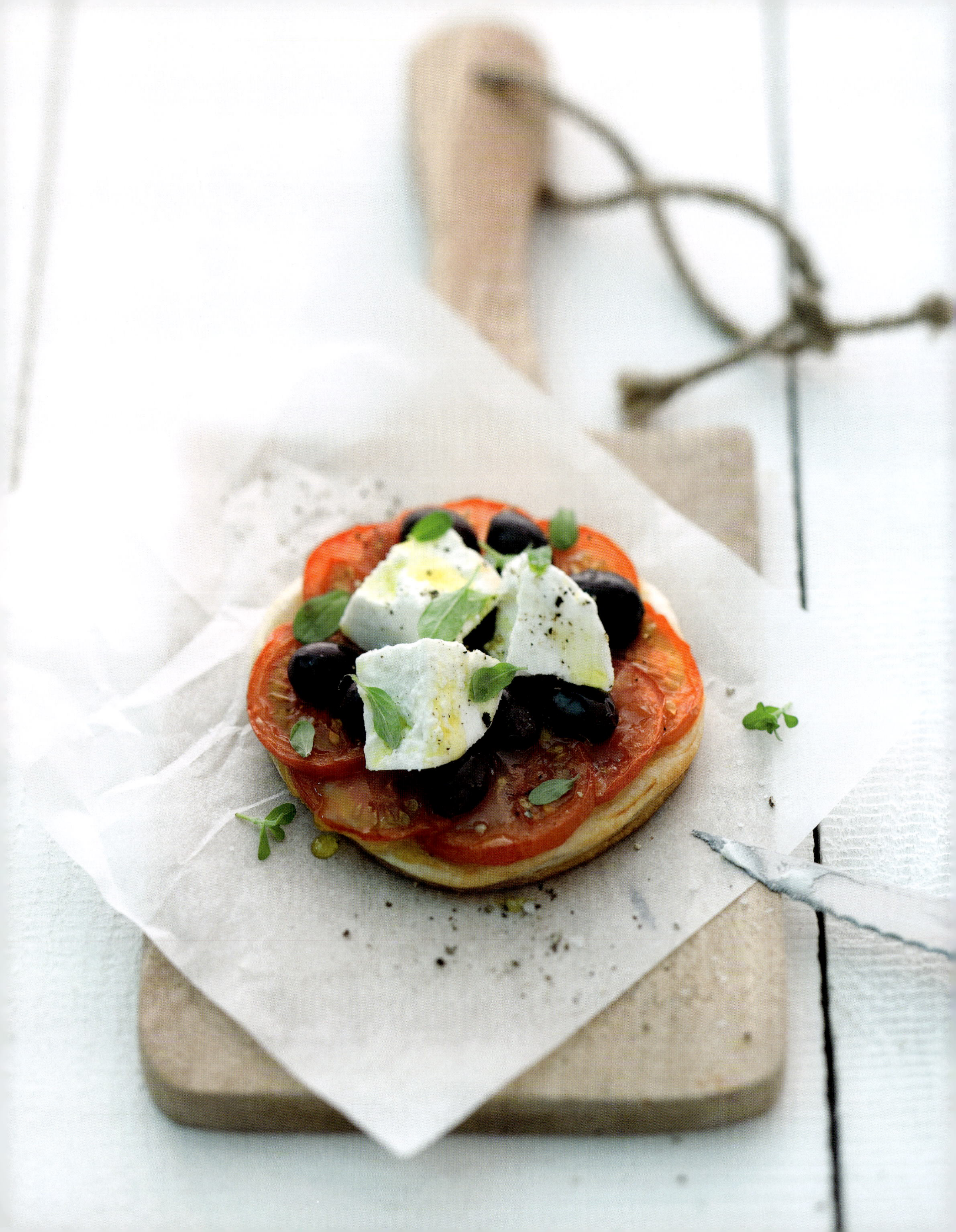

TOMATEN-BLÄTTERTEIGTARTELETTES MIT ZIEGENFRISCHKÄSE
FÜR 4 PERSONEN

Den Ofen auf 220 °C vorheizen.

Die Blätterteigböden mit einer hauchdünnen Schicht Senf bestreichen. Die Tomaten in Scheiben schneiden und den Blätterteig fächerartig damit belegen. Tartelettes mit Salz und Pfeffer würzen. Vor dem Backen mit Oliven belegen und mit etwas Olivenöl beträufeln. Im vorgeheizten Ofen knusprig backen.

Vor dem Servieren mit wenig Olivenöl beträufeln und mit frischem Majoran ausgarnieren. Zum Schluss die Ziegenfrischkäse vierteln und auf den Tartelettes anrichten.

4 runde Blätterteig-Böden, von ca. 13 cm Durchmesser
Datterino-Tomaten (Menge je nach Grösse)
Senf
Fleur de Sel
Pfeffer
einige Taggiasca-Oliven
etwas frischer Majoran
Olivenöl
4 kleine Ziegenfrischkäse

HACKTÄTSCHLI
FÜR 4 PERSONEN

Kalbfleisch und Rindfleisch mit grober Scheibe durch den Fleischwolf drehen. Die Schalotten in der Butter anschwitzen. Mit den restlichen Zutaten vermengen und mit beiden Händen vorsichtig zu einer kompakten Masse kneten.

Aus der Masse zirka 40-Gramm-Portionen abwiegen und zu gleichmässigen Kugeln drehen. Wer mit Handschuhen arbeitet und die Hände immer wieder leicht mit Wasser benetzt, verhindert, dass die Masse nicht an den Händen klebt.

Wenig eingesottene Butter in einer Bratpfanne schmelzen. Hacktätschli bei mittlerer Hitze unter ständiger Bewegung gleichmässig braten.

Zum Anrichten mit einem Holzstick versehen und als Apéro-Snack servieren.

**600 g Rindfleisch
(z. B. von der Schulter, leicht durchzogen)
300 g Kalbfleisch (z. B. von der Schulter, leicht durchzogen)
15 g glattblättrige Petersilie, fein geschnitten
60 g Schalotten, fein gewürfelt
10 g Butter
1 Ei
ca. 15 g Salz
Pfeffer aus der Mühle
wenig Dijonsenf
fein gehackte Chilis, nach Belieben
fein gehackte konfierte Zitronenzesten,
nach Belieben**

eingesottene Butter, zum Braten

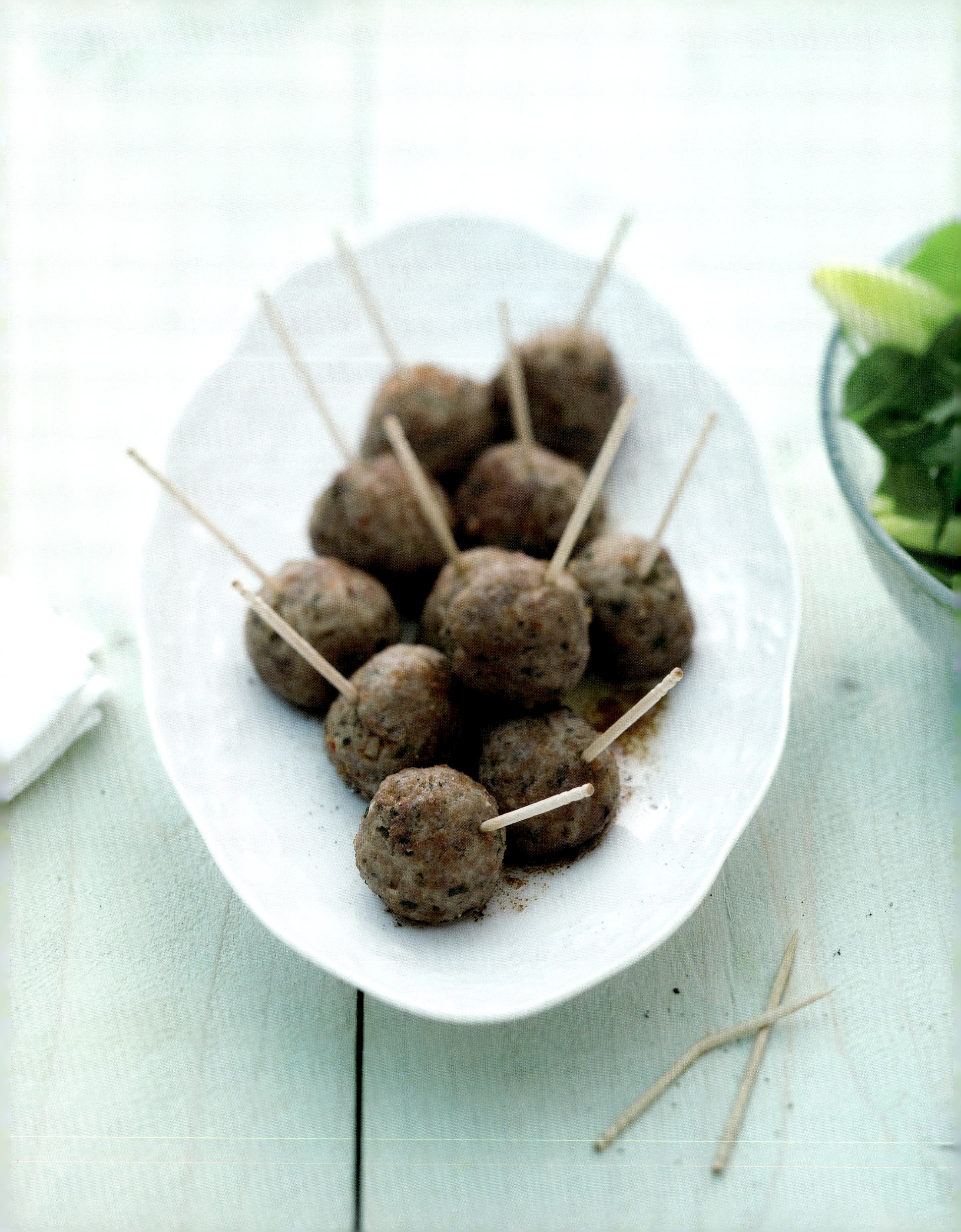

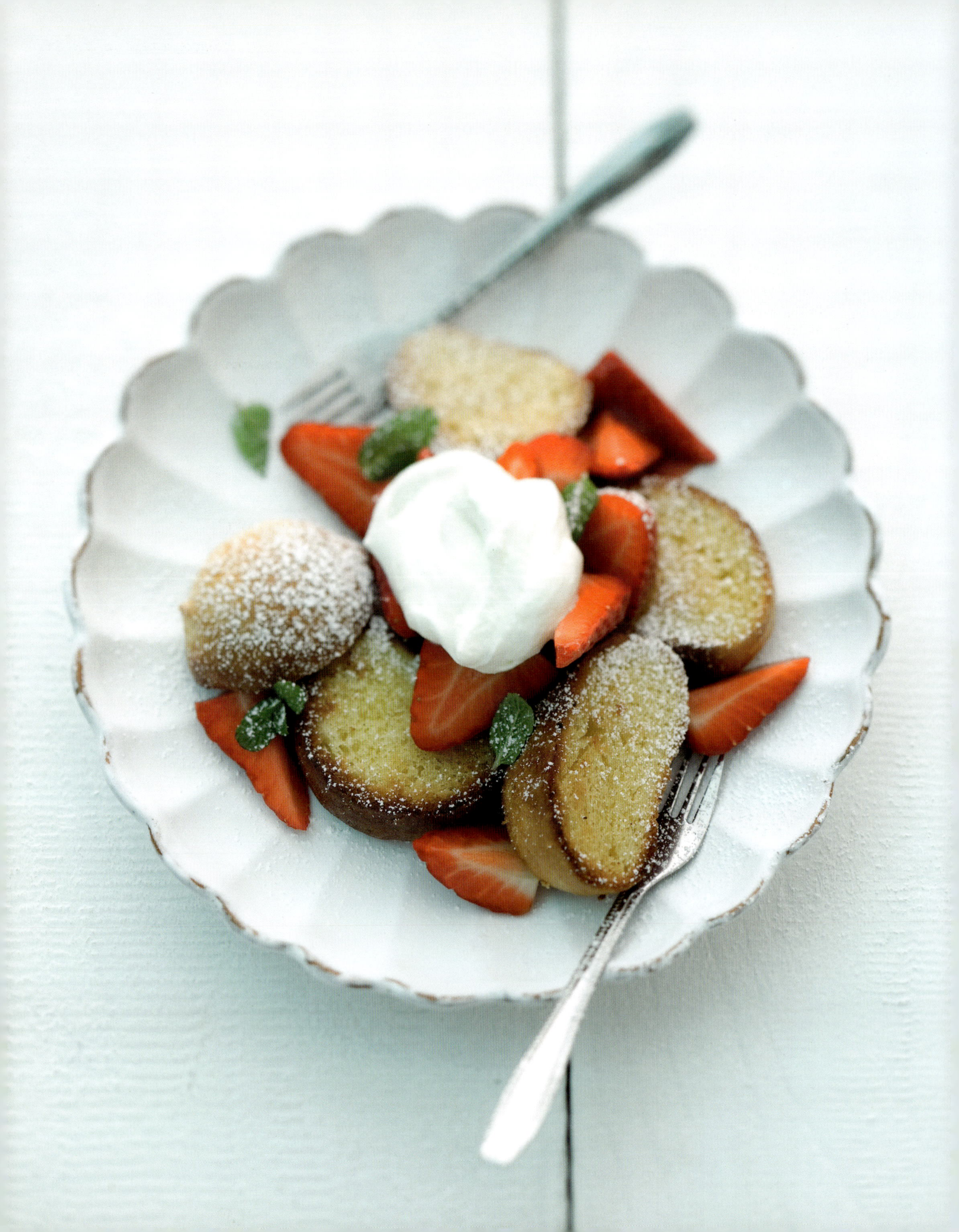

MARINIERTE ERDBEEREN AUF EINBACK
FÜR 4 PERSONEN

Für den Einback die Hefe in der lauwarmen Milch auflösen, zu den restlichen Zutaten in den Teigkessel geben und in der Rührmaschine zu einem geschmeidigen Teig kneten. Dann nochmals von Hand durchkneten und zugedeckt an einem warmen Ort aufgehen lassen. Teig in zirka 30 g schwere Stücke teilen, diese zu runden Kugeln formen und kurz gehen lassen. Danach zu einem länglichen Laib formen, in eine ausgebutterte Kastenform oder ein Backblech legen und nochmals aufgehen lassen.

Ofen auf 200 °C vorheizen, Teig mit Eigelb bestreichen. Für zirka 15 Minuten im Ofen backen, dann auf einem Gitter auskühlen lassen.

Ausgekühlter Einback in zirka 3 Zentimeter dicke Scheiben schneiden und auf beiden Seiten in Butter goldbraun anbraten.

Die Erdbeeren waschen, in Stücke schneiden, mit ein paar Spritzern Zitronensaft, der Vanille und etwas Puderzucker marinieren.

Zum Anrichten die Erdbeeren auf dem noch lauwarmen Einback anrichten und nach Belieben mit frischen Pfefferminzblättchen, Crème Double oder Vanilleglace anrichten.

FÜR DEN EINBACK
500 g Weissmehl
42 g Hefe
250 ml Milch, lauwarm
15 g Salz
40 g Zucker
100 g Butter, Zimmertemperatur
etwas Zitronenabrieb

etwas Eigelb, zum Bestreichen
Butter, zum Anbraten

FÜR DIE ERDBEEREN
Erdbeeren (Menge nach Belieben)
etwas Zitronensaft
Puderzucker
Vanilleextrakt oder -zucker

FÜR DIE GARNITUR
etwas Crème Double oder Vanilleglace
frische Pfefferminzblätter, nach Belieben

TANJA GRANDITS
RESTAURANT STUCKI
BRUDERHOLZALLEE 42
4059 BASEL
WWW.STUCKIBASEL.CH

WAS HABEN SIE ALS KIND AM LIEBSTEN GEGESSEN?
Griessbrei mit Apfelstückli und viel Zimt. Es war die Spezialität meiner Grossmutter und für mich als Kind das Glück auf Erden.

WAS WAR DAS ERSTE GERICHT, DAS SIE KOCHEN KONNTEN?
Als Kind lernte ich Pfannkuchen zu backen. Einfache Omeletten, die ich am liebsten mit Marmelade gefüllt habe.

SIE KOCHEN EINE SUPPE MIT VANILLE UND SAGEN: „DIE MACHT GLÜCKLICH!" WARUM?
Das ist einfach so – Vanille ist ein absolut harmonischer Duft, er weckt Kindheitserinnerungen. Er ist auch weich und warm und lieblich, also ein perfekter Geschmack, der glücklich macht.

WELCHES IST DIE EINFACHSTE, ABER UNIVERSELLSTE ZUTAT IN DER KÜCHE?
Ich mag Limetten, denn ihr Saft gibt vielen Gerichten einen frischen und intensiven Geschmack. Ausserdem passt die Limette einfach zu mir: Sie ist frisch und fröhlich!

WAS STEHT IMMER IN IHREM KÜHLSCHRANK?
Ein 4-Kilogramm-Kübel Bio-Nature-Joghurt! Damit bereiten wir so viele Gerichte zu: Mit frischen Beeren ein Zvieri, zum Frühstück gibt es den Joghurt mit frischen Passionsfrüchten, oder meine Tochter isst den Joghurt auch als Sauce zu Nudeln oder Reis. Ganz wichtig: Er muss Bio-Qualität haben und schön cremig sein.

WARUM SIND SIE KÖCHIN GEWORDEN?
Ich wollte eigentlich schon immer Köchin werden, habe dann aber nach dem Abitur Chemie studiert. Ich war für ein Jahr als Au-pair in Kalifornien und habe dort jeden Tag für meine Familie gekocht. Dabei habe ich schnell gemerkt, dass Kochen das ist, was ich jeden Tag machen will!
Kochen ist für mich ein Beruf, der eine starke Wahrnehmung erfordert: Ich muss Geschmäcker, Zutaten, die Menschen, mit denen ich und für die ich koche – all das muss ich sehr stark wahrnehmen, um perfekt arbeiten zu können. Und es ist eine Reduktion aufs Wesentliche. Ich muss das Beste aus der Zutat und den Geschmäckern herauskitzeln können. Das Kochen bringt all das zusammen und auf den Punkt.

Tàpies

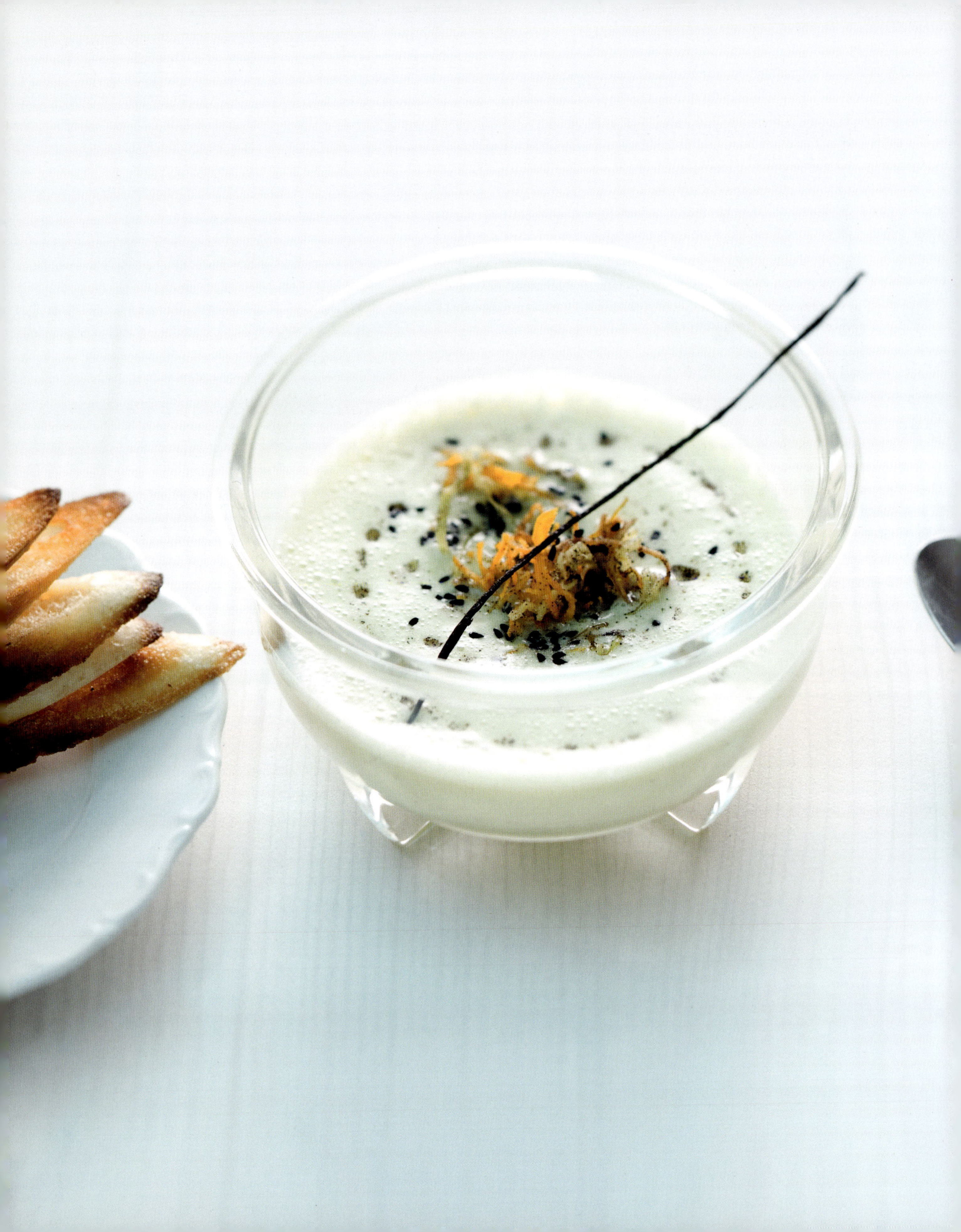

KARTOFFEL-VANILLESUPPE
FÜR 4 PERSONEN

Für die Vanillesuppe das Olivenöl in einer Pfanne erhitzen, Schalotten und Knoblauch darin anschwitzen. Kurkumapulver und Zucker dazugeben und mit dem Weisswein ablöschen. Flüssigkeit ganz einreduzieren lassen.

Vanillemark, Gemüsebrühe und Kartoffeln dazugeben und 15 Minuten weich kochen lassen. Rahm dazugeben und aufkochen. Suppe abschmecken und mit dem Pürierstab mixen.

Für die Schwarzkümmelgremolata das Öl in einem Topf auf 170 °C erhitzen. Kartoffel- und Schalottenstreifen mit dem Reismehl bestäuben und im Öl kurz frittieren. Abtropfen lassen und mit Schwarzkümmel, Salz und Pfeffer mischen.

Zum Anrichten die Suppe in Schälchen füllen, mit Schwarzkümmelgremolata bestreuen und mit Vanilleöl und frittierter Vanilleschote ausgarnieren. Mit geröstetem Brot servieren.

FÜR DIE VANILLESUPPE
2 EL Olivenöl
2 Schalotten
1 Knoblauchzehe
½ TL Kurkumapulver
1 Prise Zucker
100 ml Weisswein
1 Vanillestange, ausgekratztes Mark
12 dl Gemüsebrühe
400 g mehligkochende Kartoffeln, geschält und in Würfel geschnitten
200 ml Rahm

FÜR DIE SCHWARZKÜMMELGREMOLATA
1 kleine Kartoffel, in feine Streifen gehobelt
1 Schalotte, in feinste Scheiben geschnitten
1 EL Reismehl
Öl zum Frittieren
1 TL Schwarzkümmel
Salz und Pfeffer

FÜR DIE GARNITUR
etwas Vanilleöl
frittierte Vanilleschoten
geröstetes Brot

ZANDER IN DER GRÜNTEESALZKRUSTE
FÜR 4 PERSONEN

Für das Gemüse alles in breite Streifen schneiden, in Salzwasser kurz knackig blanchieren und im Eiswasser abschrecken. Alle Zutaten für die Marinade verrühren und zum Gemüse geben. Gut durchmischen.

Für den Fisch den Ofen auf 200 °C vorheizen. Den Fisch waschen und trocken tupfen, die Kiemen auf der Seite herausschneiden. Das Salz mit wenig Wasser befeuchten, 5 EL Grüntee dazugeben, gut mischen. Den Fischbauch mit Thaibasilikum, Ingwerstreifen, Limettenscheiben und 1 EL Grüntee füllen.

Ein Backblech mit Backtrennpapier belegen und einen Teil der Salzmasse in der Grösse des Fisches zu einem Boden formen, Fisch darauflegen und mit dem restlichen Salz vollständig bedecken. Im vorgeheizten Ofen 15 bis 20 Minuten backen. Der Fisch sollte im Innern eine Temperatur von zirka 57 °C haben. Fisch aus dem Ofen nehmen und kurz ruhen lassen. Die Salzkruste aufschlagen, den Fisch filetieren und mit dem marinierten Gemüse anrichten.

TIPP
Statt Grüntee andere Kräuter verwenden, zum Beispiel Zitronenthymian oder Rosmarin.

FÜR DEN FISCH
1 Zander, ca. 800 g, ausgenommen und geschuppt
1½ kg grobes Meersalz
5 EL Grünteeblätter, grob gemahlen
1 grosses Bund Thaibasilikum
3 cm Ingwer, geschält und in Streifen geschnitten
1 Limette, in Scheiben geschnitten
1 EL Grünteeblätter

FÜR DAS GEMÜSE
800 g geputztes, grünes Gemüse
(z. B. Lauch, Sellerie, Fenchel, Spargel)

FÜR DIE MARINADE
2 EL Pflaumensauce
1 EL Sojasauce
1 EL Sherry
3 EL Sonnenblumenöl
1 TL Sesamöl
½ Limette, abgeriebene Schale
2 EL Limettensaft
1 Spritzer Chiliöl

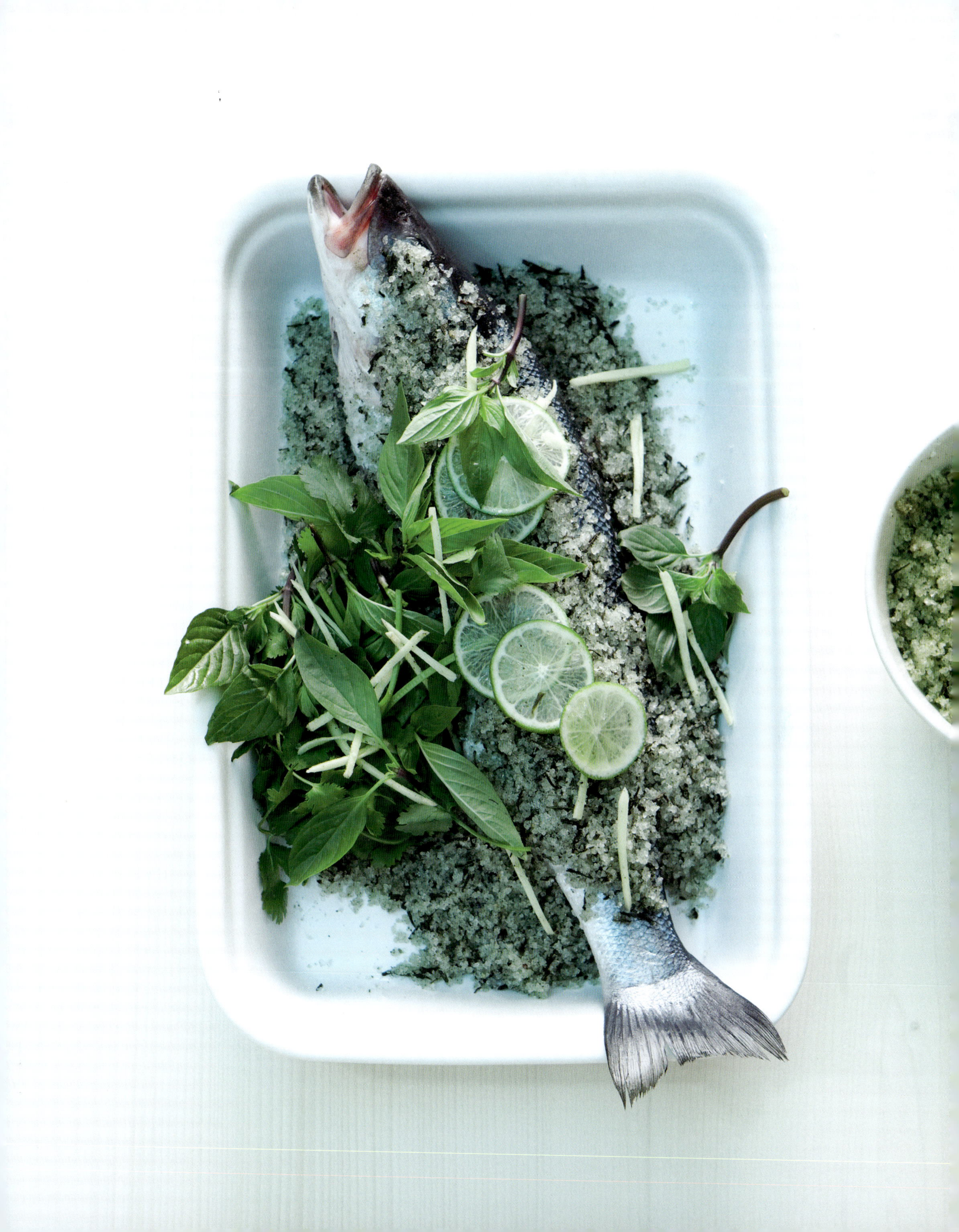

KORIANDER-SCHOKOLADENKÜCHLEIN
FÜR 4 PERSONEN

In einem kleinen Topf die Schokolade unter ständigem Rühren schmelzen. Die Butter dazugeben und glatt rühren.

In einer Schüssel Zucker und Eier verrühren, dann Mehl und Koriander beigeben. Zum Schluss mit der Schokoladen-Butter-Mischung glatt rühren.

Den Teig in ein ausgebuttertes Einmachglas (oder kleine Einmachgläser) mit einer Füllmenge von 7 bis 8 Deziliter füllen und im vorgeheizten Ofen bei 170 °C etwa 20 Minuten backen.

TIPP
Mein liebster Schokoladenkuchen, den man nach Lust und Laune würzen kann. Wer lieber Zimt oder Sternanis mag, tauscht ihn einfach mit dem Koriander aus.

100 g dunkle Schokolade
100 g Butter
100 g Zucker
3 Eier
50 g Mehl
1 TL gemahlener Koriander
Butter, zum Ausstreichen

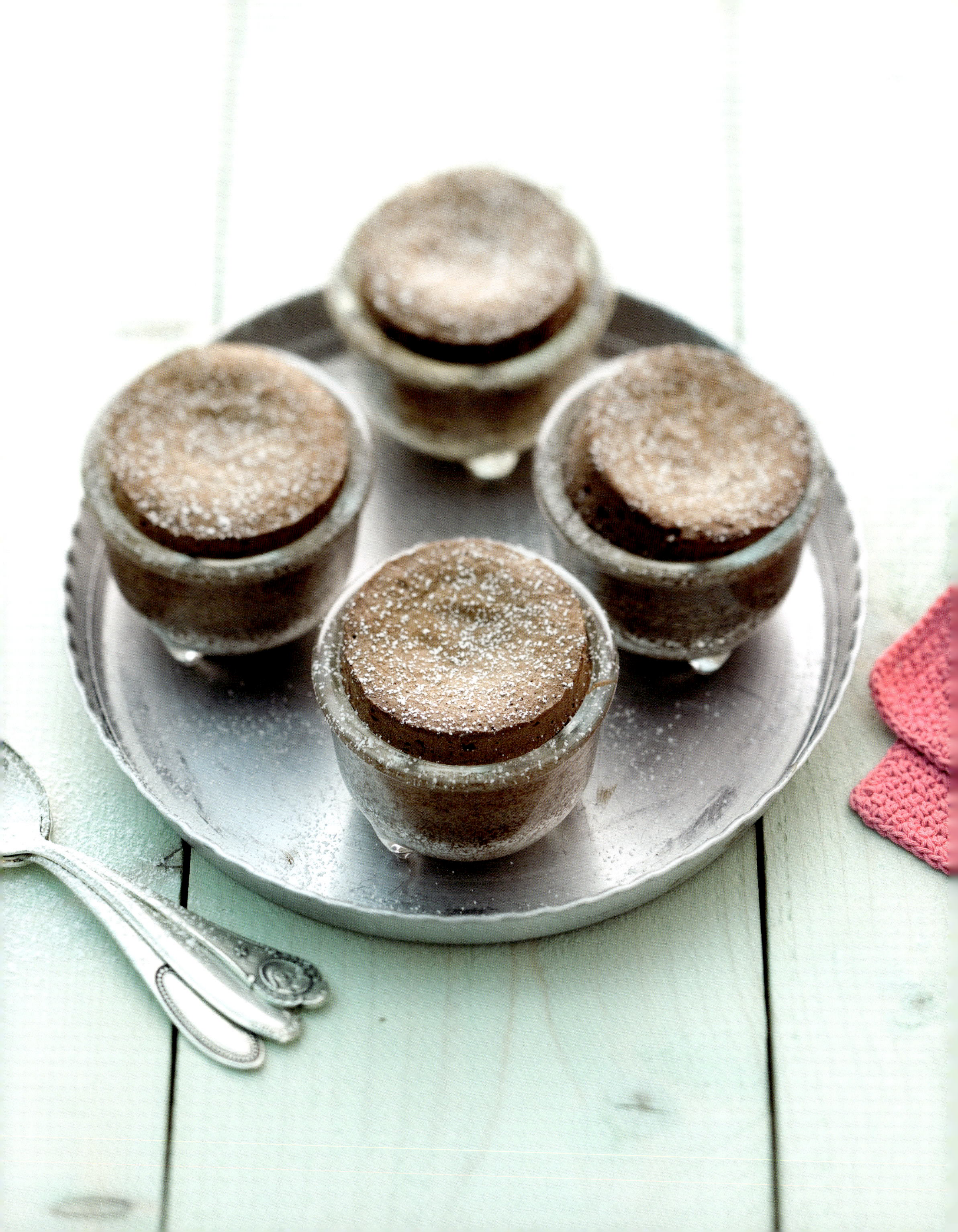

REZEPTREGISTER

A
Älplermagronen 33
AMARETTI
  Kürbis-Parmesanravioli mit Amarettihauch 154
ANANAS
  Rosinenbrioche, getoastet, mit Zitronen-Ananas-Ingwer-Konfitüre 133
ARTISCHOCKEN
  Artischockenrisotto 49

B
Birchermüesli 35
BIRNEN
  Birnenkompott 114
BISONFLEISCH
  Carpaccio und Tatar mit Parmesan 57
Bodensee-Fischsuppe 25
Bodenseezander auf Rahmkohlrabi 97
BOHNEN
  Gupf-Spanferkel mit Selleriepüree und Bohnen 99
BROT
  Brotchips 137
  Einback 165
  Erdbeeren, mariniert, auf Einback 165
  Rosinenbrioche, getoastet, mit Zitronen-Ananas-Ingwer-Konfitüre 133
  Torta di Pane 45
  Toskanischer Brotsalat 73

C
Capuns 41
Carpaccio und Tatar mit Parmesan 57
Chickencurry Modern Kerala mit Mango-Goji-Reis und Cashewnut-Crumbles 129
Couscous 26
Crème brulée mit Kumquats 76
CREVETTEN
  Grüne-Oliven-Gnocchi mit Riesencrevetten 106
  Lauch-Quiche mit Riesencrevette 42
CURRY
  Chickencurry Modern Kerala mit Mango-Goji-Reis und Cashewnut-Crumbles 129
  Indisches Curry mit Couscous 26
  Linsencurry 50

D
Dorade auf Ratatouille-Gemüse 75

E
Eglifilets mit jungem Gemüse 89
Eierkartoffeln 125
Emmentaler Kalbfleischpojarski mit weissem Spargel und Bärlauchbutter-Kartoffeln 91
Ente, geschmort mit Sternanis und Ingwer 21
Erdbeeren, mariniert, auf Einback 165
Estragontempura 58

F
FISCH
  Bodensee-Fischsuppe 25
  Bodenseezander auf Rahmkohlrabi 97
  Dorade auf Ratatouille-Gemüse 75
  Eglifilets mit jungem Gemüse 89
  Steinbutt, pochiert, mit Nussbutter 18
  Tatar aus Neuchâteler Felchen 153
  Thunfisch, gegrillt, mit Estragontempura 58
  Welsfilet, gebraten, mit Rhabarberchutney und Kartoffelgratin 81
  Zander in der Grünteesalzkruste 170
  Zanderfilet auf Rucolabett 157
Flüehmatter Älplermagronen 33
Früchte, gratiniert 100

G
GEFLÜGEL
  Chickencurry Modern Kerala mit Mango-Goji-Reis und Cashewnut-Crumbles 129
  Ente, geschmort mit Sternanis und Ingwer 21
  Perlhuhnbrust, gebraten, mit Popcornpolenta und „Chatzenseicherli"-Sauce 123
Griesscreme 29
Grüne-Oliven-Gnocchi mit Riesencrevetten 106
GRUYÈRE
  Klassischer Malakov 17
Gupf-Spanferkel mit Selleriepüree und Bohnen 99

H
Hacktätschli 162
HIMBEEREN
  Mandeljaponais mit Himbeeren und Joghurt 53

I
Indisches Curry mit Couscous 26

J
JOGHURT
  Mandeljaponais mit Himbeeren und Joghurt 53

K
Kaiserschmarrn 146
KALBFLEISCH
  Emmentaler Kalbfleischpojarski mit weissem Spargel und Bärlauchbutter-Kartoffeln 91
  Hacktätschli 162
  Kalbshaxe, glasiert, mit Kartoffelpüree 69
Kaninchenroulade im Rauchspeckmantel 66
KARTOFFEL
  Älplermagronen 33
  Bärlauchbutter-Kartoffeln 91
  Eierkartoffeln 125
  Gefüllte Kartoffeln 117
  Kartoffelgratin 81
  Kartoffelgulasch 149
  Kartoffelpüree 69
  Kartoffel-Vanillesuppe 169
  Süsse Kartoffeltorte 113
KOHLRABI
  Bodenseezander auf Rahmkohlrabi 97
KOKOS
Maiscreme-Cappuccino mit Popcorn, Kokosnuss und Kreuzkümmel 130
KORIANDER
Koriander-Schokoladenküchlein 172

KUMQUATS
    Crème brulée mit Kumquats 76
KÜRBIS
    Kürbis-Parmesanravioli mit Amarettihauch 154

L
LAUCH
    Lauch-Quiche mit Riesencrevette 42
Lieblingscake, Ramonas 37
LINSEN
    Linsencurry 50
Linzertorte 140

M
Maiscreme-Cappuccino mit Popcorn, Kokosnuss und Kreuzkümmel 130
Malakov, klassischer 17
MANDELN
    Mandeljaponais mit Himbeeren und Joghurt 53
MANGOLD
    Capuns 41
MARRONI
    Marronigugelhupf 85
MEERRETTICH
    Meerrettichsuppe mit Schnittlauch und gefüllter Kartoffel 117

N
NÜSSE
    Cashewnut-Crumbles 129
    Prickelnde Macadamianuss-Praline 139
    Ramonas Lieblingscake 37
    Olivenöl-Hollandaise 105
ORANGEN
    Orangen-Scheiterhaufen 109
PASTA
    Älplermagronen 33
    Kürbis-Parmesanravioli mit Amarettihauch 154
Perlhuhnbrust, gebraten, mit Popcornpolenta und „Chatzenseicherli"-Sauce 123
POLENTA
    Popcornpolenta 123
Prickelnde Macadamianuss-Pralinés 139
Ramonas Lieblingscake 37
Ratatouille-Gemüse 75
REIS
    Artischockenrisotto 49
    Mango-Goji-Reis 129
RHABARBER
    Rhabarberchutney 81
    Rhabarbercreme, geschichtete 29
    Rhabarberkompott 29
RINDFLEISCH
    Carpaccio und Tatar mit Parmesan 57
    Hacktätschli 162
Rosinenbrioche, getoastet, mit Zitronen-Ananas-Ingwer-Konfitüre 133

RUCOLA
    Tomatenconsommé, geschüttelt, mit Rucola und Parmesanschaum 121
    Zanderfilet auf Rucolabett 157

S
Sauerkrautsuppe mit gebratenem Speck 145
Schoggicreme, karamellisiert, mit Birnenkompott 114
SCHOKOLADE
    Koriander-Schokoladenküchlein 172
    Ramonas Lieblingscake 37
    Schoggicreme, karamellisiert, mit Birnenkompott 114
    Schokoladenbiscuittörtchen mit Vanilleeis 61
SCHWEINEFLEISCH
    Gupf-Spanferkel mit Selleriepüree und Bohnen 99
    Szegediner Gulasch 83
SELLERIE
    Gupf-Spanferkel mit Selleriepüree und Bohnen 99
SPARGEL
    Emmentaler Kalbfleischpojarski mit weissem Spargel und Bärlauchbutter-Kartoffeln 91
    Spargelsalat mit pochiertem Ei und Olivenöl-Hollandaise 105
SPECK
    Kaninchenroulade im Rauchspeckmantel 66
    Sauerkrautsuppe mit gebratenem Speck 145
Steinbutt, pochiert, mit Nussbutter 18
Süsse Kartoffeltorte 113
Szegediner Gulasch 83

T
Tatar und Carpaccio mit Parmesan 57
Tatar aus Neuchâteler Felchen 153
Thunfisch, gegrillt, mit Estragontempura 58
TOMATEN
    Tomaten-Blätterteigtartelettes mit Ziegenfrischkäse 161
    Tomatenconsommé, geschüttelt, mit Rucola und Parmesanschaum 121
    Ziegekäse an Tomatenpassata und Olivenöl 65
Torta di Pane 45
Toskanischer Brotsalat 73

V
VANILLE
    Kartoffel-Vanillesuppe 169
    Schokoladenbiscuittörtchen mit Vanilleeis 61

W
Welsfilet, gebraten, mit Rhabarberchutney und Kartoffelgratin 81

Z
ZANDER
    Zander in der Grünteesalzkruste 170
    Zanderfilet auf Rucolabett 157
ZIEGENKÄSE
    Tomaten-Blätterteigtartelettes mit Ziegenfrischkäse 161
    Ziegenkäse an Tomatenpassata und Olivenöl 65
ZITRONE
    Rosinenbrioche, getoastet, mit Zitronen-Ananas-Ingwer-Konfitüre 133

DANK

Dieses Kochbuch ist nur durch das grosse Engagement vieler Menschen möglich, die uns alle mit viel Herzblut unterstützt haben. Herzlich danken möchten wir:

URS HELLER UND KATHRIN BERCHTOLD von „Gault Millau" und allen Beteiligten bei Ringier für die grosszügige Medien-Partnerschaft und ihre Begeisterung für diese Aktion.

ANDREAS NEUBAUER hat im Fotostudio alle Rezepte wunderschön angerichtet – vielen Dank für das tolle Foodstyling, das dieses Buch zu einem besonders schönen macht!

SANNA ANDRÉE-MÜLLER hat dieses Buch mit viel Liebe zum Detail gestaltet und daraus ein kleines Juwel gemacht. Herzlichen Dank für Deine Arbeit!

VOGT-SCHILD DRUCK in Derendingen für die kostenlose Bildbearbeitung.

WEISS MEDIEN AG in Affoltern für den Gratisdruck von Flyern, Postern und Tickets.

OFFIZIN ANDERSEN NEXÖ in Leipzig für einen grosszügigen Preisnachlass auf den Druck.

ORELL FÜSSLI BUCHHANDLUNGS AG für die wunderbare Zusammenarbeit und den schönen Bücher-Event!

STAUFFACHER BUCHHANDLUNGEN BERN UND THALIA BÜCHER ebenfalls für eine engagierte Zusammenarbeit und die schönen Bücher-Events.

MATTHIAS ZEHNDER UND DER COOPZEITUNG für ihr grosszügiges Leserangebot.

URS HUNZIKER UND DEM GANZEN AT VERLAG in Aarau für die wertvolle Arbeit an diesem Buch.

DANK GEBÜHRT AUCH IHNEN, LIEBE LESERIN, LIEBER LESER. Mit diesem Kochbuch tragen Sie unsere Vision nach Hause, in Ihre Küchen, an Ihren Familientisch und damit in die Welt hinaus.

© 2011
AT Verlag, Aarau und München

Initianten: Tanja Grandits und Michael Wissing
Herausgeberin/Projektleitung: Myriam Zumbühl
Fotografie und Styling: Michael Wissing
Koch im Studio: Andreas Neubauer
Layout, Illustration und Satz: Sanna Andrée-Müller
Druck und Bindearbeiten: Offizin Andersen Nexö, Leipzig

ISBN 978-3-03800-616-9

www.at-verlag.ch